関西学院大学研究叢書 第181篇

テレワーク導入による生産性向上戦略

古川 靖洋【著】

千倉書房

はしがき

テレワークという働き方が提唱されてから既に30年以上が経過している[1]。提唱された当時,マクロ的にもミクロ的にも多くのメリットがあり,素晴らしい働き方だととらえられることが多かった。しかし,当時の情報通信環境やIT機器の性能・価格を考えると,各企業が積極的にその導入を進めていくということは難しかった。

1990年代に入ると,インターネットの商業利用が始まり,同時にPCなどの価格が大幅に下がり始めた。またPCの性能や処理スピードも日進月歩で高度化し,各企業の業務において,PCやインターネットの利用は欠かせないものとなっていった。現在では,無線LANやWi-Fi環境が整備され,スマートフォンやタブレット型端末,クラウドコンピューティングが普及し,ワーカーは従来型のオフィスに縛られることなく,いつでもどこでも自分自身の仕事をすることが可能になっている。そういう意味では,仕事をする場所はオフィスではなく,ワークプレイスといった方がいいのだろう[2]。

また,ワーカーが主に従事している業務以外の活動(例えば,NPO活動やボランティア活動など)や育児,介護などにも積極的に取り組みたいという人々が増加し,ワーク・ライフ・バランスを充実させる働き方に注目が集まっている。そして,企業は人種や性別だけではなく,上記のような多様な働き方を求める人々の要求にも応えなければならなくなった。いわゆるダイバーシティ・マネジメントが求められている。テレワークはこのような人々の多様な活動欲求やダイバーシティ・マネジメントを具体的に実現するための1つの手段として考えられているのである。

このような状況の中で,2012年に第二次安倍内閣が成立し,首相による施政方針演説の中でテレワークが取り上げられた。その後発表された具体的な政策内容は,女性労働者の積極的活用や地方の雇用・人材を積極的に引き出すための方策としてテレワークを活用するというものだった。このような政府の積極

的なテレワーク導入施策によって、テレワークを導入する企業の数は徐々に増えているが、テレワークがポピュラーな働き方になったとはいえないのが実状である。テレワークの導入が企業にとって多くのメリットをもたらすのであれば、導入比率がもっと増加してもいいはずなのに、十分な伸びを示していない。その理由として、テレワーク導入の際のデメリットが強調され過ぎているのではないかと考えられる。

筆者は、オフィス環境とオフィスワーカーの生産性の関係に焦点を当て、自らの研究を進めてきた。そして研究成果に基づき、「オフィス環境(形態)はオフィスワーカーの生産性向上のための必要条件ではなく、十分条件である」という命題を提唱してきた。テレワーク環境の整備はオフィス環境整備の1つと考えられるので、命題に従えば、テレワークを導入しただけでワーカーの生産性が向上するとは考えられない。生産性向上のためには、テレワーク環境の整備とともに、ワーカーの生産性を向上させるための諸施策の実施が必要となるのである。

後述するように、テレワークのメリットには様々なものがあるが、ワーカーの生産性向上もそのメリットの1つに挙げられている。ワーカーの生産性向上のような企業の利益ベースに大きな影響を及ぼすメリットが得られなければ、企業はテレワークを積極的に導入しようとはしないだろう。筆者はここ数年、テレワークの導入によりそのメリットを企業とワーカーがともに享受し、各企業がより多様な外部環境に適応するための方策を研究してきた。本書はテレワークとワーカーの生産性や動機づけに関する一連の研究をまとめたものとなっている。そしてワーカーの生産性向上というメリットを得るために、テレワークの導入に際してどのような諸施策が必要なのかを中心に論を進めている。具体的な章立ては以下の通りとなっている。

まず第1章では、日本におけるテレワーク関連の諸政策や日本企業のテレワークへの取り組みについて経年的に述べている。日本におけるテレワークは、ICT(情報通信技術)関連企業を中心とした実験的な取り組みに端を発した後、あまり注目されなくなってしまったのであるが、第一次安倍内閣以来、

再度注目を浴び始め，各省庁による諸政策に加えて近年のICT環境の急速な進展により，徐々にではあるがテレワーク比率が上昇している状況を概観している。

第2章では，テレワークのメリットとデメリットについて述べている。テレワークは多様な社会的欲求に対応しうる働き方として注目されているので，企業にとってもワーカーにとっても多くのメリットがあるのだが，同時に様々なデメリットも指摘されている。これらのメリットとデメリットを詳述したのち，テレワークを成功に導くための要因を概説している。

第3章では，テレワークを用いて知識創造を行ない，その知識をマネジメントしていく方策について述べている。知識創造業務にテレワークを用いる場合，それがどのようなプロセスでも有効であるとは考えられない。一方，知識は偏在していることが多く，その新結合のためにテレワークは有効な手段とも考えられる。競争優位を導く知識創造を行なうためには，知識創造のどのプロセスでテレワークを使えばよいのか，また知識の新結合の際に必要となるメンバー間の信頼やリーダーの役割などについても述べている。

さらに第4章から第7章までは，アンケートデータを用いて，テレワーク導入企業がテレワークのメリットを享受するために必要な諸施策を多変量解析によって明らかにしている。第4章と第5章は企業レベルのデータ，第6章と第7章ではワーカーレベルのデータを用い，テレワークの導入によってメリットを享受するために必要とされる諸施策を探索している。

第4章では，テレワークを実施する上で考えられる懸念やテレワークに期待される効果をまず示している。その後，企業レベルでのアンケート調査に基づいて，テレワークの実施状況と実際の効果との因果関係などを明らかにしている。そして，分析結果に基づいて，テレワークを成功に導く要因について考察している。

第5章では，企業レベルのアンケート結果に基づき，テレワーク導入に際して，どのような課題があるかを提示し，その実態について明らかにしている。そして，オフィスワーカーの生産性指標（創造性，情報交換度，ワーカーのモ

ラール)⁽³⁾に影響を及ぼすと考えられている諸要因がテレワーカーに対しても同様の影響を及ぼすかどうかを調査・考察している。

　第6章では，ワーカーレベルのアンケート調査に基づいて，個々のテレワーカーの生産性とそれに影響を及ぼすであろう諸要因の関係を分析している。またワーカー個人の生産性とチームレベルの生産性の関係について，ワーク・ライフ・バランスやワーカー間のコミュニケーション，信頼関係の観点から考察している。

　第7章では，テレワーク導入企業で働くオフィスワーカーと彼らを動機づけるための施策の関係に焦点を当て，テレワークの導入状況とワーカーのモラールの関係をワーカーレベルのアンケート調査に基づき分析している。そしてテレワーク導入企業で働くワーカーと未導入企業で働くワーカーにおいて，有効な動機づけ施策に差はあるのか，もしあるとすればそれは何かについて考察している。そして終章は，第1章から第7章までで述べてきたことのまとめとなっている。

　ここまで示してきた各章は，過去に論文の形で発表したものが元になっている。中には発表からかなりの年月が経過してしまったり，論文構成上の視点を変えたため，内容が本書にそぐわないものもある。そのため，本書をまとめるに当たり，できるだけ内容を修正加筆した。以下にその初出一覧を示しておく。第1章［2010］，第2章［2002b］，［2011］，［2014］，第3章［2002b］，［2003］，第4章［2010］，第5章［2011］，第6章［2007］，第7章［2014a］。また，各種統計データなどで最新のものがあればその数値は修正してあるが，アンケートデータなど修正が不可能なものはそのまま当時の数値を使っている。この点はご了承いただきたい。

　本書を執筆するに当たって，多くの方々からご指導をいただいてきた。まず，慶應義塾大学商学部教授岡本大輔先生には，いつも共同研究にお声掛けをいただき，統計的な分析手法などについて日頃から多くのご助言をいただいている。そして，慶應義塾大学商学部教授佐藤和先生には，本書の研究の一部において共同研究者として統計分析面や企業文化論について様々な助言をいただ

いた。専修大学経営学部教授馬場杉夫先生からは，人的資源管理論やオフィスワーカーの動機づけについて多くのご助言をいただいた。さらに，紙面の関係上お名前を挙げることができませんが，関西学院大学総合政策学部ならびに商学部の諸先生方，学会発表に際して貴重なコメントをいただいた先生方をはじめ，多くの方々のお世話になっている。諸先生方に深く感謝いたします。

　また，本書でのアンケート調査を実施する上でも多くの方々にお世話になっている。一般社団法人日本テレワーク協会の皆様には，筆者が各種委員として参加した委員会において貴重なご助言をいただいただけでなく，アンケート調査データの使用許可をいただき，深く感謝しています。株式会社エフエム・ソリューション社長大田友祐氏，前社長武佐隆夫氏ならびに研究会メンバーの方々には，産学共同研究の場を与えていただいただけでなく，現場からの貴重なご意見をいただきました。また，アンケートデータの使用も許可していただき，深く感謝しております。さらにお名前を詳しく挙げることはできませんが，他にも多くの方々にお世話になっています。この場を借りて，皆さま方に厚く御礼を申し上げます。

　なお，本書は関西学院大学研究叢書第181編として出版され，関西学院大学から多大な出版助成をいただきました。ここに記して厚く御礼申し上げます。そして最後になりましたが，厳しい出版事情にありながら，本書の出版を快くお引き受け下さった株式会社千倉書房社長千倉成示氏，煩雑な編集作業に携わっていただいた編集部専務の川口理恵氏にあわせて感謝いたします。

　本書を，いつも家庭を顧みない筆者を支えてくれる妻かおりと長男遼に贈る。

2015年盛夏
関西学院大学神戸三田キャンパスの研究室にて　古　川　靖　洋

（1）例えば，トフラー［1984］，Nilles［1982］
（2）新生代ワークプレイス研究センター［2014］p.8。
（3）本書でオフィスワーカーの生産性と述べる場合，特に注記しない場合以外，「ワーカーの有効性に焦点を当てた生産性」を意味し，その指標としてこの3つを挙げている。いわゆる効率性ベースの生産性概念ではない。詳しくは第5章を参照のこと。

目　　次

はしがき

第1章　日本におけるテレワークへの取り組み 1

1-1　テレワークのとらえ方 1
1-2　日本におけるテレワーク導入の経緯と近年の動向 3
　1-2-1　1970年代の動向 3
　1-2-2　1980年代の動向 4
　1-2-3　1990年代の動向 5
　1-2-4　2000年以降の動向 7
1-3　まとめ 12

第2章　テレワークのメリットとデメリット 15

2-1　テレワークは両刃の剣か？ 15
2-2　テレワークのメリットと導入に際してのねらい 18
2-3　テレワークのデメリットと導入に対する阻害要因 20
　2-3-1　労務管理に関するデメリットと中間管理職の理解不足に関するデメリット 20
　2-3-2　コミュニケーション不足に関するデメリット 22
　2-3-3　セキュリティに関するデメリット 24
　2-3-4　テレワーカーの個人的な問題に関するデメリット 24
2-4　テレワークの成功に向けて 26
2-5　まとめ 29

第3章　テレワークと知識マネジメント 33

3-1 競争優位と知識の重要性……………………………………33
3-2 ナレッジ・マネジメントとテレワークの適性…………37
3-3 テレワークを用いた知識創造……………………………43
　　3-3-1 テレワークと知識の共有化……………………………43
　　3-3-2 テレワーカーとその管理………………………………44
3-4 テレワークとワーカーの信頼関係………………………47
　　3-4-1 テレワークと人々の心理………………………………47
　　3-4-2 信頼の重要性と信頼関係の構築………………………48
　　3-4-3 テレワークと組織リーダーの役割……………………52
3-5 ま と め……………………………………………………55

第4章　テレワークに関する懸念と効果……………………61

4-1 テレワークに対する懸念と期待される効果……………61
4-2 アンケート調査に基づく実証分析………………………67
　　4-2-1 テレワークに対する懸念と効果の現状………………67
　　4-2-2 仮説検証……………………………………………………71
4-3 ま と め……………………………………………………76

第5章　テレワーク導入企業におけるオフィスワーカーの生産性向上要因……………81

5-1 テレワーク導入に際しての懸念や課題の実態…………81
5-2 テレワークの導入とオフィスワーカーの生産性………83
　　5-2-1 テレワーク導入企業における生産性向上要因………83
　　5-2-2 テレワーク導入の「ねらい」とオフィスワーカーの生産性……………………………………………………89
5-3 アンケート調査に基づく実証分析………………………91
　　5-3-1 調査の概要と分析手法…………………………………91

　　　　5-3-2　ワーカーの創造性に影響を及ぼす要因……………95
　　　　5-3-3　ワーカーの情報交換度に影響を及ぼす要因…………98
　　　　5-3-4　ワーカーのモラールに影響を及ぼす要因……………100
　　　　5-3-5　テレワーク導入の「ねらい」の効果………………103
　　5-4　まとめ……………………………………………………105

第6章　テレワークとテレワーカーの生産性…………113

　　6-1　テレワークと生産性の向上………………………………113
　　　　6-1-1　テレワーカー個人の生産性向上……………………113
　　　　6-1-2　チームの生産性向上…………………………………116
　　6-2　アンケート調査に基づく実証分析………………………121
　　　　6-2-1　調査の概要……………………………………………121
　　　　6-2-2　テレワーカー個人の生産性の状況…………………123
　　　　6-2-3　チームの生産性の状況………………………………125
　　　　6-2-4　テレワーカーの信頼感と生産性……………………127
　　6-3　まとめ……………………………………………………129

第7章　テレワークとオフィスワーカーの動機づけ…133

　　7-1　テレワークの導入とオフィスワーカーの動機づけ………133
　　　　7-1-1　動機づけ施策としてのテレワーク…………………133
　　　　7-1-2　オフィスワーカーの動機づけ施策…………………134
　　　　7-1-3　テレワーク導入企業における動機づけ施策としての
　　　　　　　自律性の向上……………………………………………135
　　　　7-1-4　テレワーク導入企業における動機づけ施策としての
　　　　　　　権限委譲…………………………………………………136
　　　　7-1-5　テレワーク導入企業における動機づけ施策としての
　　　　　　　コミュニケーションの活性化…………………………136

　　　　　7-1-6　テレワーク導入企業における動機づけ施策としての
　　　　　　　　経営理念への共感……………………………………137
　　　　　7-1-7　テレワーク導入企業における動機づけ施策としての
　　　　　　　　承認意識………………………………………………138
　　　　　7-1-8　テレワーク導入企業における動機づけ施策としての
　　　　　　　　学習機会の充実………………………………………139
　　7-2　アンケート調査に基づく実証分析……………………………140
　　　　　7-2-1　調査概要と分析手法………………………………140
　　　　　7-2-2　テレワークの導入状況とモラールの関係……………143
　　　　　7-2-3　オフィスワーカーのモラール向上に貢献する施策の貢献度
　　　　　　　　……………………………………………………………144
　　　　　7-2-4　動機づけ施策としての自律性向上の貢献度…………146
　　　　　7-2-5　動機づけ施策としての権限委譲の貢献度……………147
　　　　　7-2-6　動機づけ施策としてのコミュニケーション活性化の貢献度
　　　　　　　　……………………………………………………………147
　　　　　7-2-7　動機づけ施策としての経営理念への共感の貢献度……148
　　　　　7-2-8　動機づけ施策としての承認意識の貢献度……………149
　　　　　7-2-9　動機づけ施策としての学習機会の充実の貢献度………149
　　7-3　テレワーカーの動機づけ施策………………………………150
　　7-4　ま と め…………………………………………………………152

終章　テレワークの成功のために……………………………………155

　Appendix 1 ……………………………………………………………159
　Appendix 2 ……………………………………………………………171
　Appendix 3 ……………………………………………………………185
　Appendix 4 ……………………………………………………………187
　参考文献…………………………………………………………………193

第1章　日本におけるテレワークへの取り組み

　近年，テレワークということばを従来にも増してよく耳にするようになってきた。女性の積極的な雇用や地方の活性化の方策として政府がテレワークを活用しようとしているということもあるだろう。また，従事している仕事以外の活動にも注力したいという人々が徐々に増加したことから，ワーク・ライフ・バランスやダイバーシティ・マネジメントを実現する働き方の1つとして取り上げられることも多くなっている。とはいえ，テレワーク＝在宅勤務と考えられたり，全く会社に出社しない働き方と考えられたりと一般的に様々なとらえ方がなされているため，誤解も多い。そこで本章ではまず本書で取り上げるテレワークの定義づけをし，その後，テレワークが日本においてどのように導入されてきたのかその経年的な状況を述べていくことにしよう。

1-1　テレワークのとらえ方

　テレワークと一言でいっても，様々な定義が存在する。例えば，総務省や国土交通省，日本テレワーク協会などは，「情報通信技術を活用した場所と時間にとらわれない働き方」と定義している[1]。佐藤[2]は「情報通信機器の活用を前提として，従来の職場空間とは異なった空間を労働の場に含みながら，業務として情報の製造および加工の全部あるいは一部を行なう労働形態」と，より厳密に定義している。Ellison[3]は「IT技術を用いて，従業員が共に働いている中心的オフィスの外で業務を行なうこと」と定義している。またIllegems & Verbeke[4]は「週に1日以上，オフィス以外の場所で，テレコミュニケーション技術を使って，仕事をすること」をテレワークとしている。彼らの定義には，時間的な概念が含まれている。同様に国土交通省[5]も，狭義のテレワーカーを「1週間当たり8時間以上テレワークを行なう人」と規定してい

る。

　また，佐藤[6]はテレワークを雇用型か非雇用型かという就業形態（雇用 or 非雇用）の軸と，実施場所（自宅オフィス or 共有オフィス or 移動オフィス）の2軸によって6つに分類している。具体的には，表1-1のように類型化される。日本テレワーク協会[7]も同様に，実施対象者の就業形態，実施場所，実施頻度によって分類を行ない，雇用型，自営型，内職副業型の3つに分類している。本書では，上場企業クラスの企業がテレワークを導入することによって得られるメリットやデメリット，テレワークの効果や懸念について調査し，その考察を行なうため，テレワークを上述した国土交通省の定義に基づくものとしたい。また，分類されたカテゴリの中で，特に雇用型のテレワーク全般に焦点を当てて論を進めていくことにする。

　前述した定義にもあるように，テレワークには ICT 技術やインターネットの利用が不可欠とされている。2013年末の日本におけるインターネット利用者数は1億44万人で，2012年末よりも392万人増加している（対前年比4.1％増）。そしてインターネットの人口普及率は82.8％となっている[8]。無線 LAN や Wi-Fi によるネットワーク接続インフラの普及に伴って，スマートフォンやタブレット型端末の利用も増加している。利用者の42.4％がスマートフォン，12.4％がタブレット型 PC からインターネットに接続し，自宅の PC 利用（58.4％）に迫る勢いである[9]。また企業レベルで見た場合，従業員500人以上

表1-1 テレワークの類型

	雇　用	非雇用
自宅オフィス	在宅雇用型テレワーク	在宅就労型テレワーク ・在宅ワーク ・SOHO における労働
共用オフィス	単独サテライト型テレワーク 共用・共同テレワークセンター型テレワーク	共用・共同テレワークセンター型テレワーク
移動オフィス	雇用型モバイルワーク	非雇用型モバイルワーク

出所：佐藤彰男［2006］p.15. 表の一部を筆者が修正。

の企業でのインターネット利用率はほぼ100％に達している[10]。客観的にこのような状況を見ても，テレワークを導入するためのインフラは既に整っているといえるだろう。Illegems & Verbeke[11]やHarrington & Ruppel[12]もインフラの整備はテレワークの促進要因だと主張している。世界経済フォーラムが作成したネットワーク準備指数とテレワーク比率の間には正の相関がある[13]ことから，日本においてもさらにテレワークの導入が進みそうなものであるが，実際には，十分に普及していると実感できるレベルに達しているとはいえない。総務省によると，ICT先進7ヶ国の国際比較において，日本は情報通信の「基盤」においては，世界的に見ても最先端の水準にあるのだが[14]，その「活用」については第1位のシンガポールと大きな隔たりがあり[15]，せっかくのICT基盤が有効利用されていない状況がうかがえる。

　このように，日本でICTに関連するインフラが整っているにもかかわらず，テレワークの導入が進んでいない。その理由は，テレワークを利用する上での制度やルールの整備不足，人々のテレワークに対する誤解や懸念によるところが多いためと考えられる。この件については，後の章で改めて考察することにしよう。

1-2　日本におけるテレワーク導入の経緯と近年の動向

1-2-1　1970年代の動向

　そもそもテレワークの導入が検討され始めたのは1970年代のアメリカであった。70年代には，2度のオイルショックにより石油価格が高騰し，通勤に費やされるガソリンを節約するという意図や当時の大気汚染や環境汚染に対する対策の一環としてテレワークが取り上げられていた[16]。例えば，Nilles *et al.*[17]は通勤の代替手段としてのテレワーク（文献ではテレコミュニケーションと記載）の可能性とそれが社会に及ぼす影響について概観し，省エネ効果は年間820億キロワット毎時になると推計している。そして，このような推計に基づいて，

テレワークの普及により，交通渋滞の減少や大気汚染の改善，化石燃料消費の減少などがもたらされると説いている[18]。また，トフラー[19]も同様の推計を行ない，化石燃料消費の削減と環境汚染の軽減を予測していた。このように，テレワークに関する取り組みは日本にも紹介されていたが，その当時，省エネ政策レベルでテレワーク推進の動きは見られなかった。

1-2-2 1980年代の動向

1980年代に入ると，PCの処理能力やICTが急速に発展してきた。当時のアメリカで普及し始めた新しい働き方を参考にして，日本でも一部のメーカーや通信業者が実験的にテレワークを行ない始めた。例えば，電電公社（当時）が三鷹市周辺で展開していた「INS実験」の一環として，NECが吉祥寺にサテライトオフィスを設置し，テレワークを実施したというのがこれに当たる。ただ一般的には，現在と比べてPCの価格はかなり高く，通信速度もダイヤル回線を使用した低速のものが主流であった。当時はまだインターネットの商用利用は開始されておらず，ユーザーが特定のパソコン通信事業者（例えば，niftyなど）と契約しそのグループ内で情報をやり取りする形態が主流だった。そして，このようなパソコン通信サービスを利用する人々の数もそれほど多くなかったため，通常の働き方としてテレワークが普及することはほとんどなかった。

1980年代の後半から1990年代に入ると，政府によるテレワーク振興政策が積極的に展開されるようになってきた。当時はバブル経済の影響もあって，都心の不動産価格やオフィス賃貸料が急騰し，企業が都心に大規模なオフィスを構えることがコスト的に厳しくなってきた。また，都心で働くオフィスワーカーも職場の近くに住居を構えることが困難となり，非常に長い時間と距離を費やして通勤するという状況が定常的なものとなっていた。そのような状況に対処すべく，多くの企業が郊外にサテライトオフィスを設置し始めた。例えば，1988年に富士ゼロックスや鹿島建設，内田洋行などが共同で設置した志木サテライトオフィス，同年の三菱マテリアル大宮サテライトオフィス，1989年の武

蔵野コミュニティオフィス，1991年のNTTによる上尾，鎌倉，船橋のサテライトオフィスなど，共同利用型のサテライトオフィスだけでなく，単独企業によるサテライトオフィスの設置が進められた。また，1990年の八ヶ岳リゾートオフィスのようにリゾート地でも仕事ができるというサテライトオフィスも登場した。このような取り組みは実験的な試みではあったが，トフラー[20]が提唱した"Electronics Cottage"の具体的な出現ともいえるだろう。これが広く一般に認知・利用されるようになれば，ICT技術と在宅勤務を組み合わせた新しい働き方が普及することになるわけである。

　政府もこのような動きに対応して，旧通産省における分散型オフィス推進委員会（1990年）や日本サテライトオフィス協会（現：日本テレワーク協会）（1991年）などの設置・設立を推進している。このようにバブル期には数々のサテライトオフィスが設置されたのであるが，これもバブルの崩壊とともに閉鎖されることになってしまった。地価やオフィス賃貸料が下がったことや高速のネットワーク回線サービスがなかったことも閉鎖の原因であるが，テレワークという働き方自体がオフィスワーカーに定着しなかったことが主因と考えられる。つまり，インターネットの商用利用の開始前のため，現在のように業務上必要な情報や資料を，ネットを介してやり取りしたり，電子メールを介してコミュニケーションを図るという働き方がほとんど定着していなかった。このように，コスト的にも日常業務の進め方的にもサテライトオフィスを維持・推進していくインセンティブを各企業は失ってしまったのである。

1-2-3　1990年代の動向

　1990年代前半から後半にかけては，バブル崩壊の影響もあって，企業自体がサテライトオフィスを設置し，そこでテレワークを実施するということはほとんどなくなってしまった。そのような状況の中で，旧郵政省や旧労働省などが中心となってテレワークを推進する事業を展開した。旧郵政省は1994年にテレワークセンター施設整備事業を開始し，山形県白鷹町・朝日町・山辺町に地域活性化策の一環としてテレワークセンターが開設された。その後，1998年に地

域情報の受発信基地として,熊本県阿蘇町に阿蘇テレワークセンターが開設されている。いずれも市町村が地域の就労機会の拡大や地域経済の活性化を図るための地域・生活情報通信基盤高度化事業の一環として設置されたものである。この他,1997年にはテレワークの有用性を図るために「テレワークDAY」が実施されたり,旧郵政省の特別会計職員(約170名)によって横浜市と立川市に設置されたサテライトオフィスでテレワークの試行実験が行なわれている。そして,1998年にはテレワーク促進税制[21]が創設されている。このように旧郵政省などによる積極的なテレワーク推進政策が展開されたにもかかわらず,主な対象が地域経済の活性化促進だったこともあり,民間企業がテレワークを展開しようとする動きは当時ほとんど見られなかった。

　1990年代のテレワークの動向は上述したような状況だったのであるが,テレワークを後押しする状況も現れてきた。まず,1994年から始まったインターネットの商用利用である。それまでは大学や研究機関などだけにインターネットの利用が制限されていたが,一般の人々も接続用の機器やソフトさえ揃えれば,インターネットに接続することが可能となった。そして,1995年にMicrosoft社のOSであるWindows95の発売がこれに拍車をかけることとなった。Windows95のOSR 2にはTCP/IPが初期状態で選択されており,Windows95を使えばインターネットに接続できるイメージが浸透し,日本では発売後1ヶ月でおおよそ87万本が出荷された。実際,Windows95の発売を契機にして,日本でのPCの普及は爆発的に伸び,また同時にインターネットの利用も急速に伸びていくことになった。大学などでもコンピュータ・リテラシー教育が順次進められ,企業における業務でもワープロソフトや表計算ソフトが日常的に使用される状況となっていった。つまり,実験的にテレワークを行なっていた状況から脱し,定常的にテレワークを行なうことができる基本的な状況が整ってきた時代といえるだろう。企業におけるオフィスデザインに関する議論でも,テレワークの他に,ノンテリトリアル・オフィスやモバイル・オフィス,ドロップイン・オフィス,ホテリングなどインターネットの使用を念頭に置いた新たなオフィス形態も主張され始めた[22]。ただこのようなオフィ

ス形態は，概念的にはその有用性を理解することはできるのであるが，従来の働き方とは大きく異なるため，実際にこのようなオフィス形態を導入した日本企業は限られていた。

1-2-4　2000年以降の動向

　一方，ICT技術やPCの処理速度は日進月歩のスピードで進展した。また，PCの価格やブロードバンドネットワークへの常時接続料金が下がったこと，インターネット接続可能な携帯電話の普及などから，インターネットを業務に使用する企業はさらに増加していった（**図1-1**）。このような状況の下で，テレワークを再評価しようとする動きもみられてきた。即ち，インターネットを介して仕事をすることでより効率的な働き方を目指すBPR（Business Process Re-engineering）の一環としてテレワークの導入を検討するというものである。日本政府は2003年の「e-Japan戦略Ⅱ」において，「2010年までに適正な就業環境下でのテレワーカーが就業者人口の2割となること」[23]を目指すと宣言し，それに呼応する形でワーカーベースのテレワーカー率は順調に増加し始めた。

　そして2006年の安倍晋三首相（第一次安倍内閣）の所信表明演説に基づき，日本政府は，総務省や経済産業省，国土交通省，厚生労働省などを中心として，テレワークの普及・促進を目指してきた。そして内閣に設置されたIT戦略本部は，同年の「IT新改革戦略」や「重点計画2006」[24]において「2010年までに適正な就業環境の下でのテレワーカーが就業人口の2割に達し，その一人ひとりが適材適所で最大限に個々の能力を発揮できる社会の実現」という目標を掲げた。そしてそれに従い，テレワーク推進に関する関係省庁連絡会議において，2007年5月に「テレワーク人口倍増アクションプラン」が策定された。その具体的内容は，「人口構成の変化の影響が本格化する2010年代以前に，出来得る限り広く様々な職場でテレワークの導入環境が確立されるよう，2010年までを集中的な推進期間とし，「2010年までに2005年比でテレワーカー人口比率倍増を図り，テレワーカーの就業者人口に占める割合2割を達成するこ

8   第1章　日本におけるテレワークへの取り組み

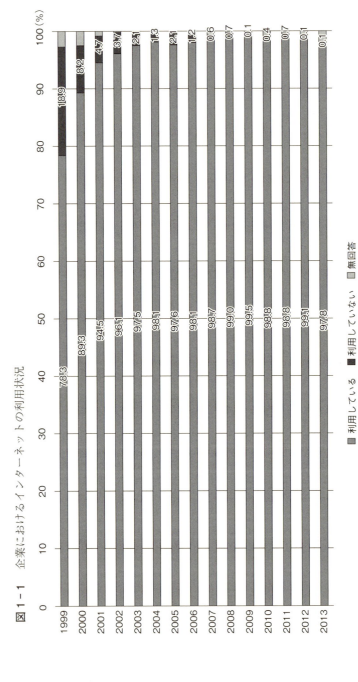

図1-1　企業におけるインターネットの利用状況

出所：総務省『通信利用動向調査』（各年度版）より著者作成。

と」」[25]で，これを政府目標としたのである。

　このような目標に基づいて，各省庁はそれぞれの立場でテレワークの推進を進めてきた。2010年の国土交通省の発表によると，テレワーク人口倍増アクションプランが策定された後の2008年度において，就業人口の15.2％が1週間当たり8時間以上のテレワークを実施していた（数値は狭義雇用型テレワーカーと狭義自営型テレワーカーを加算したもの）。そして2012年末にテレワーカー率（テレワーカーの就業人口に占める割合）は21.3％となり，2003年に示された政府目標を2年遅れで達成した。このうち雇用型テレワーカー率は20.3％となっている[26]。**図1-2**に示すように，2002年度以降，テレワーカー率の数値は着実に増加してきていたが[27]，2013年度以降は減少に転じ，2014年度の調査では16.4％（このうち雇用型テレワーカー率は15.5％）へ減少している[28]。

　一方，**図1-3**に示すように，企業レベルでのテレワーク導入率は，継続的に発表されたアクションプランや様々な計画に加えて，各省庁の地道な努力の結果，2006年末に7.6％であったものが，2009年末には19.0％と順調に増加した。その後，民主党政権による事業仕分けやデフレの影響もあったためか，導入率は9～12％台で増減し，2014年末の導入率は11.5％となっている[29]。ただ**図1-3**からもわかるように，導入率は企業規模が大きくなるほど大きくなる傾向があり，従業員数1,000人以上の企業では20％程度がテレワークを導入済みであり，従業員数1,000人～1,999人の企業では近年大幅な増加が見られる。

　時系列的にこのような推移状況にあったテレワークであるが，2012年12月に安倍晋三氏が再び首相（第二次安倍内閣）に返り咲き，改めて重視され始めた。まず，2013年1月に従来の「IT戦略本部」の取り組み内容を見直し，ITに関する政府全体の戦略について統合的に取りまとめる機関として「高度情報通信ネットワーク社会推進戦略本部（IT総合戦略本部）」が内閣に設置された。その目的は，高度情報通信ネットワーク社会の形成に関する施策を迅速かつ重点的に推進し，世界最高水準のIT利活用社会を実現するというものである。2月28日の第183回国会における総理大臣施政方針演説の中でもテレワークを社会に変革をもたらし得るIT活用例として取り上げている[30]。そして，

第1章　日本におけるテレワークへの取り組み

図1-2　テレワーカー率の推移

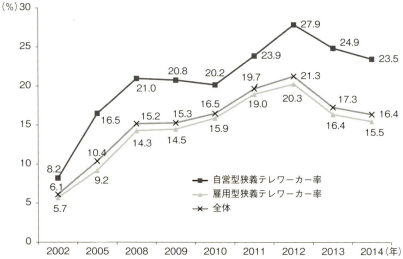

出所：国土交通省『テレワーク人口実態調査』（各年度版）より著者作成。

図1-3　企業におけるテレワーク導入率の推移

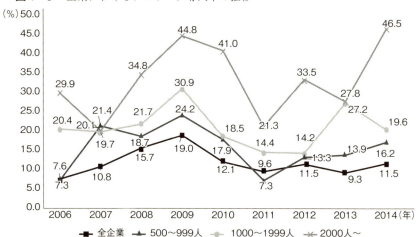

出所：総務省『通信利用動向調査』（各年度版）より著者作成。

5月24日に開催されたIT総合戦略本部において「世界最先端IT国家創造」宣言（案）が発表され，その中で雇用形態の多様化とワーク・ライフ・バランス（「仕事と生活の調和」）を実現するための主要政策の1つとしてテレワークが取り上げられた。具体的には，就業継続が難しい子育て期の女性や育児に参加する男性，介護を行なっている労働者などを対象として雇用型在宅型テレワークを促進し，2020年にはテレワーク導入企業数を2012年度比で3倍，週1日以上終日在宅で就業するテレワーカー数を全労働者数の10％以上にするというものである[31]。また，2014年9月の内閣改造によって総務大臣に任命された高市早苗氏はその就任会見において「テレワークは私のライフワークだ」との発言をし，総務省を挙げてICT環境を整備し，全国的にテレワークを推進していく意向を示している[32]。そして10月には総務省から地方の雇用や人材を引き出すための方策としてテレワークが取り上げられ，そのための研究会が発足している[33]。このような2013年の政府による取り組みは，女性労働者の積極的な登用やワーク・ライフ・バランスの実現，在宅勤務，地方のポテンシャルなどに焦点を当てているが，天災やパンデミック時における事業継続性計画（BCP：Business Continuity Plan）の観点から考えても，テレワークは政府目標の1つである災害に強い社会の実現にも貢献すると考えられる。

　このようにテレワークに焦点が当てられるのは，近年のブロードバンドの普及・充実やそれに伴うインターネットの常時接続の増加，携帯電話，スマートフォン，タブレット型PCの普及や無線LAN，Wi-Fi環境の整備によって，テレワークを実施できる環境が近年急速に充実したことと，テレワークを実施することによって，労働者の多様な価値観や就業環境へのきめ細やかな対応が十分可能になると考えられるためである。つまり，テレワークを導入しさえすれば，通勤困難者が就労の機会を得る可能性が増えたり，ワーカーのワーク・ライフ・バランスがより充実したり，業務に関する自律性が向上し，その結果，ワーカーの生産性やモラールの向上に結びつくだろうというメリットがしばしば主張されている。日本政府の考えも同様のものである。しかし，テレワークのデメリットも同時に指摘されることが多い。テレワークの導入が，コ

ミュニケーションの減少を引き起こしたり[34]，テレワーカー自身に疎外感や孤立感をもたらしたり[35]，テレワーカー以外の人々に悪影響を及ぼしたり[36]，それがワーカーのモラールダウンにつながる[37]という研究も多い。また，2014年4月に実施された消費税増税による景気の冷え込みやセキュリティ上の不安など導入に対する阻害要因も多く見受けられ，必ずしも簡単に目標値を達成できる状態ではない。

それに加えて，テレワークに対して批判的な内容のニュースも大きく取り上げられている。例えば，2013年2月に米Yahoo社のCEOであるマリッサ・メイヤー氏が同社の全社員に対して在宅勤務を禁止すると宣言した[38]。メイヤー氏自身は，在宅勤務禁止の理由について何もコメントしていないが，近年の米Yahoo社の低業績を改善させるための1つの手段と考えられる。つまり，テレワークが期待通りの成果に結びついていなかったり，フェース・トゥ・フェースでのコミュニケーションが減ることに由来したワーカー同士の連携不足から業務が滞ったり，新たなアイデア創造に結びつかなかったり，モラールダウンを引き起こしていると考えられるため，この制度をひとまず廃止することになったと考えられる。米 Yahoo社のケースからもわかるように，テレワーク制度をうまく活用しなければ業績悪化をもたらしてしまうかもしれないのである。

1-3 ま と め

本章では，テレワークについていくつかの定義を紹介した後，本書で扱うテレワークの定義を示した。また同時に，各種の分類されたカテゴリの中で，特に雇用型のテレワーク全般に焦点を当てていくことにした。その後，1970年代から近年に至るまでのテレワークの実施状況や導入状況，政府による支援策などを順次紹介してきた。テレワークの導入によって様々なメリットがあると思われるが，その一方で，デメリットも多く指摘されている。次章以降では，このテレワークのメリットとデメリットなどについて詳しく述べた後に，テレ

ワークを導入することから得られるメリットを享受するための要因について考察していくことにする。

（1） http://www.soumu.go.jp/main_sosiki/joho_tsusin/telework/18028_01.html　2015年4月7日閲覧
　　　http://www.mlit.go.jp/crd/daisei/telework/　2015年4月7日閲覧
　　　日本テレワーク協会［2008］p.2。
（2） 佐藤彰男［2006］p.12。
（3） Ellison［2004］p.18.
（4） Illegems & Verbeke［2004］pp.18-21.
（5） http://www.mlit.go.jp/report/press/city03_hh_000002.html　2015年4月7日閲覧
（6） 佐藤彰男［2006］p.15。
（7） 日本テレワーク協会［2008］p.11。
（8） 総務省（編）［平成26年版］p.337。
（9） 総務省（編）［平成26年版］p.338。
（10） 平成25年通信利用動向調査企業編（総務省）。
　　　http://www.e-stat.go.jp/SG1/estat/List.do?bid=000001048693&cycode=0　2015年4月7日閲覧
（11） Illegems & Verbeke［2004］p.190.
（12） Harrington & Ruppel［2001］p.111.
（13） 総務省（編）［平成21年版］p.13。
（14） 総務省（編）［平成21年版］pp.50-59。特に，高速性，安全性，モバイル度の水準が高い。
（15） 総務省（編）［平成21年版］pp.54-56。テレワークに関して，1位のシンガポールは45.7%の利用率があるが，日本では9.1%にすぎない。
（16） 古矢眞義［2011］p.84。
（17） Nilles *et al.*［1976］pp.86-89.
（18） Nilles［1988］p.303.
（19） トフラー［1984］pp.263-269。
（20） トフラー［1984］pp.280-298。
（21） サテライトオフィス勤務形態のテレワークを実施しようとする者がテレワークを実施するために取得した償却資産について，テレワークに効果的かつ確実に使用されるものと郵政大臣が認定した場合において，取得後5年度分，固定資産税の課税標準を2/3に軽減するというもの。
（22） 古川靖洋［2002a］pp.17-20。
（23） http://www.kantei.go.jp/jp/singi/it2/kettei/030702ejapan.pdf　2015年4月7日閲覧

(24) http://www.kantei.go.jp/jp/singi/it2/kettei/060119honbun.pdf　2015年4月7日閲覧
(25) http://www.kantei.go.jp/jp/singi/it2/dai41/41siryou5.pdf　2015年4月7日閲覧
(26) http://www.mlit.go.jp/crd/daisei/telework/p2.html　2015年4月7日閲覧
(27) 国土交通省による平成21年4月21日の報道発表資料。
　　http://www.mlit.go.jp/report/press/city03_hh_000002.html
(28) http://www.mlit.go.jp/crd/daisei/telework/docs/26telework_jinko_jittai_gaiyo.pdf
　　2015年4月7日閲覧
(29) 平成26年通信利用動向調査企業編（総務省）。
　　http://www.e-stat.go.jp/SG1/estat/List.do?bid=000001061335&cycode=0　2015年11月
　　5日閲覧
(30) http://www.kantei.go.jp/jp/96_abe/statement2/20130228siseuhousin.html　2015年4月7日閲覧
(31) http://www.kantei.go.jp/jp/singi/it2/dai61/siryou2-1.pdf　2015年4月7日閲覧
(32) http://www.soumu.go.jp/menu_news/kaiken/01koho01_02000314.html　2015年4月7日閲覧
(33) http://www.soumu.go.jp/menu_news/s-news/02ryutsu02_03000176.html　2015年4月7日閲覧
(34) 例えば，Harrison, et al. [2004], Illegems & Verbeke [2004]。
(35) 例えば，Ford & McLaughlin [1995], Fay & Kline [2012], Ward & Shabha [2001]。
(36) 例えば，Golden [2007], Gurstein [2001]。
(37) 例えば，Kurland & Cooper [2002], 古川靖洋 [2014a]。
(38) 「米ヤフー　在宅勤務禁止で企業文化刷新」『週刊東洋経済』2013. 5. 11, pp.82-83。
　　http://www.nikkei.com/article/DGXNASFK05024_V00C13A3000000/　2015年4月7日閲覧
　　Cairns [2013]。

第2章　テレワークのメリットとデメリット

　テレワークが提唱された当初から，マクロ的にもミクロ的にも多くのメリットがあり，素晴らしい働き方だととらえられることが多かった。その一方で，メリットはなかなか享受することができず，デメリットも多いという主張も多々見受けられる。本章では，それらのメリットとデメリットを詳述した後，テレワークを成功に導くための要因を述べていくことにしよう。

2-1　テレワークは両刃の剣か？

　テレワークの導入は1970年代の半ば頃から提唱されてきたわけであるが，当初はそのメリットとして交通渋滞の緩和やエネルギー消費の削減，大気汚染や環境汚染の軽減などが，社会全般に対するマクロ的な効果としてしばしば取り上げられていた。1980年代から1990年代に入ると，PCが企業のオフィスに急速に浸透し始めた。業務におけるインターネット利用が進むにつれて，それまでスタンドアローンで使用されていたPCなどの情報機器をネットワークに接続することが可能となり，次第にテレワークのための技術的環境と物理的環境が整ってきた。このように，テレワークは通勤の代替手段ではなく，通常の労働形態の1つになると考えられるようになり，テレワークがもたらすプラスの影響や効果，そして問題点などが様々な分野で議論されるようになってきた[1]。Kurland & Bailey[2]は，テレワークのもたらす利点（Advantage）と問題点（Challenge）を，交通渋滞の緩和や大気汚染の緩和など社会的観点から見た利点の他に，組織（企業）と個人という観点からまとめている。具体的には，組織における利点として，生産性やモラールの向上，欠勤や転職の減少，顧客サービスの向上が，問題点として，業績の測定と評価，組織に対するコミットメントの低下，管理上の統制問題，コミュニケーションの減少，業務上

のコンフリクトなどが挙げられている。

　個人の観点における利点としては，職務満足や自律性の向上，ワーク・ライフ・バランスの向上，ストレスの低下などが挙げられ，問題点として，社会的・業務的疎外感や孤立感，インフォーマルな相互活動の減少，組織文化からの離脱，仕事と家庭の間のコンフリクトなどが挙げられている。Crandall & Gao[3]も同様に，組織，個人，社会という3つの観点から，テレワークがもたらすメリットとデメリットをそれぞれ挙げている。Mello[4]は，雇用主，従業員，自然環境，社会という4つの観点からメリットとデメリットを挙げている。

　また，政府の発表したテレワーク導入施策からはテレワーク導入によるメリットがうかがえる。例えば，2007年5月に政府のIT戦略本部から発表された「テレワーク人口倍増アクションプラン」[5]では，テレワークの意義・効果として以下の8つが提示されている。①少子化・高齢化問題等への対応，②家族のふれあい，ワーク・ライフ・バランスの充実，③地域活性化の推進，④環境負荷軽減，⑤有能・多様な人材の確保，生産性の向上，⑥営業効率の向上・顧客満足度の向上，コスト削減，⑧災害等に対する危機管理，がそれにあたる。政府の考えは，テレワークが順調に実施され，テレワーク人口が順調に増加すれば，このような効果が見られるようになるというものである。つまり，①〜⑧のようなメリットがテレワークの導入によってもたらされると考えているのである。

　政府の施策はテレワーク導入推進を目標としているため，メリットを強調しているが，このメリットは実はデメリットと表裏一体である。例えば，テレワークによって個々のワーカーの業務における自律性が高まるというメリットがあると考えられているが，自律的であるが故に，それがワーカーの疎外感や怠業といったデメリットにつながるとも考えられる。そういう意味では，テレワークは両刃の剣の施策ともいえるだろう。同じ施策がメリットもデメリットももたらす可能性があるわけであるが，それらをまとめると以下の**表2-1**のようになる。以下の節ではこのメリットとデメリットをより詳しく見ていくこ

とにする。

表 2-1 テレワークのメリットとデメリット

	メリット	デメリット
社会的・環境的観点	・都市部の交通渋滞の緩和 ・公共交通システムに対する負荷の低減 ・大気汚染の緩和 ・エネルギー（ガソリン）消費の減少 ・障がい者や高齢者など通勤困難者への雇用アシスト ・女性労働者への雇用アシスト ・コミュニティ活動の充実 ・地方の活性化	・テレワークに関する文化的問題
組織（企業）的観点	・生産性の向上 ・オペレーションコストの削減 ・ワーカーのモラール向上 ・雇用の保持 ・欠勤・転職の減少 ・顧客サービスの向上 ・リクルートオプションの拡大 ・天災やパンデミック，突発的事故への対応（BCP） ・CSR の拡充	・ワーカーの業績評価 ・ワーカーの労務管理 ・企業に対するコミットメントの低下 ・コミュニケーションの減少 ・業務上のコンフリクト（上司の不満，同僚の不満，チームワークの調整） ・情報セキュリティ
個人的観点	・職務満足の向上 ・ワーカーのモラール向上 ・自律性の向上 ・生産性の向上 ・通勤時間・費用の削減 ・ワーク・ライフ・バランスの充実 ・ストレスの低下 ・雇用機会の拡大	・社会や企業からの疎外感 ・可視性に関する懸念 ・昇進機会の減少 ・業務上のコンフリクト ・仕事と家庭のコンフリクト

出所：Mello [2007]，Kurland & Bailey [1999]，Crandall & Gao [2005] より筆者が作成。

2-2 テレワークのメリットと導入に際してのねらい

上述したように，社会的観点だけではなく企業的観点や個人的観点というミクロレベルでのテレワークのメリットが主張されるようになると，このメリットをテレワークの積極的導入に際しての「ねらい」として挙げる企業も多くなってきた。ここでは，それについて詳しく述べていこう。

まず直感的に理解しやすいねらいとしてよく挙げられているのが，社会的観点から見た「ワーカーの通勤時間や移動時間の削減」や「障がい者や高齢者など通勤困難者への対応」，さらには個人的観点から見た「社員のゆとりと健康的な生活（ワーク・ライフ・バランス）の実現」など業務を行なう上でのストレスの軽減を目指した表面的なものである。ワーカーがストレスなく業務に取り組み，ゆとりをもった生活をすることができるようになれば，企業へのコミットメントが高まり，長期的にはワーカーのモラールの向上をもたらすと考えられる。

また，近年のエネルギーコストの増大により，テレワークによってCO_2削減に取り組み，地球環境への負荷を軽減させるというねらいやそういう行動に関係することで，企業の社会的責任を果たすという社会性の向上[6]をねらいとしたテレワークの導入も理解しやすい。さらに，自然災害やインフルエンザなどの感染症へ緊急に対応し，事業を維持・継続する（BCP：Business Continuity Plan）ということをねらってテレワークを導入するという企業もあるだろう。

この他に組織的観点から見て，テレワークを導入することでオフィスの床面積自体を縮小し，オフィスコストを削減するというねらいや顧客の要望に対してワーカーを配置し，顧客の要望に柔軟に応えるというねらいも考えられる。これらのねらいがうまく功を奏し，成果が蓄積されることになれば，結果的に業務の効率性向上をもたらすということになると考えられる。

一方個人的観点から見て，個々のワーカーの内面や働き方自体の改善もテレワーク導入に際してのねらいとされることが多い。テレワークを利用する場

合，個々のワーカーは，自らの業務内容を明確にし，業務の期限を自ら決め，自ら必要とする情報を積極的に交換することが求められる。つまり，テレワークはワーカー自らによる時間管理や自律性の向上[7]，情報共有化の推進，コミュニケーション能力の向上をねらいとする業務形態なのである。さらにテレワークを導入することは，個々のワーカーに対して大幅な権限委譲をすることになるので，それは彼らの会社に対する信頼感を醸成し，優秀な人材の採用や定着にも効果があると考えられる。Kossek et al.[8]は，テレワークはワークプロセスだけでなく，仕事をするタイミングやロケーションに関しての自律性を尊重した働き方であり，これがテレワーカーの態度や成果にプラスに貢献すると述べている。小豆川他[9]は，人的資源管理の視点から，人事管理コストの抑制，企業の内部柔軟性の維持，働き方の多様化，個のニーズと組織のニーズの両立をテレワークの効果として挙げている。木下・比嘉[10]は，テレワークが経営課題に対して大きく貢献する点として，全体的な効率化の推進，ワーカーの生産性の向上，リソースの有効活用，ITの有効活用を挙げている。そしてこの内容を検証するために，BPR（Business Process Re-engineering）型のテレワークを実施している企業のワーカーにアンケート調査を行ない，テレワークの実施が生産性の向上，自律性の向上，創造性の向上，顧客とのコミュニケーションの活性化，通勤時間の短縮，IT活用度の向上などに効果があることを見出している[11]。

　以上で述べてきたように，テレワークを導入する際にはねらいがあり，その実施によって企業レベルと個人レベルのそれぞれにおいて，様々なメリットを享受できるであろう。とはいえ，テレワークの導入はメリットのみをもたらすわけではなく，デメリットももたらすことになる。デメリットがある以上，企業の注目はどうしてもメリットよりデメリットの方へ向いてしまう。実際，デメリットを考えるが故に，テレワークの導入を躊躇している企業が多く存在している。次節では，このデメリットに関して述べていくことにする。

2-3 テレワークのデメリットと導入に対する阻害要因

組織的観点から見た場合，テレワークを導入するとワーカーを直接管理する機会が減少することから，ワーカーの管理や評価の難しさ，ワーカー間のコミュニケーション不足，セキュリティ上の問題，そして効率的な組織運営ができなくなるのではないかというデメリットがしばしば指摘されている。また，ワーカーの個人的観点から見た場合，従来型のオフィスから離れることによって，彼らに孤立感や疎外感が生じ，それが引き金となってストレスやモラールダウンなどの感情的な不満[12]を引き起こすのではないかというデメリットや，特に日本の狭い住環境を考えた場合，業務を行なうスペースを確保できないのではないかとか，家族とのコンフリクトを引き起こすのではないかというデメリットが指摘されている[13]。そして，ここで挙げたようなデメリットがテレワークの導入に対する阻害要因となる場合が多い。そこで本節では，これらのデメリットについてさらに詳しく述べていくことにしよう。

2-3-1 労務管理に関するデメリットと中間管理職の理解不足に関するデメリット

まず最もよく指摘されているデメリットは，ワーカーの管理や評価の難しさといった労務管理上の問題である。テレワークはその程度の差こそあれ，一定の時間，上司や同僚と離れて自宅やオフィス以外の場所で働く業務形態である。それ故，今までフェース・トゥ・フェースで行なっていた様々な対応が一時的に出来なくなるので，労務管理上の問題が生じるというデメリットが指摘されるのは至極当然である。下崎[14]は，従来からの終身雇用制や年功序列を基盤とする日本型人事システムでは，対面的な人間関係が重視されるため，フェース・トゥ・フェースでの対応の機会が減少するテレワークの様な働き方は，どうしても敬遠されてしまうと述べている。同様に，Verbeke et al.[15] もテレワーカーの昇進機会の減少やインフォーマルトレーニングの機会の減少，

スケジュール調整の難しさなどをテレワーク実施上の問題点として挙げている。また佐藤[16]は,「職務範囲の不明確さ」と「情意考課による人材評価」を,テレワーク導入を阻む要因として挙げている。このように,テレワーカーを管理する難しさを,テレワーク導入に際しての課題と考える人々は多いのである。

この労務管理に関する課題は,経営者や中間管理職のテレワークに対する理解不足や関心のなさと大いに関係している。テレワークのような情報通信関連分野への投資はその成果がわかりにくいため,当面のところ二の足を踏んでしまうということもあるだろう。Illegems & Verbeke[17]は,テレワーク導入の最も大きな障壁は,経営者とワーカーそれぞれのグループがテレワークの実践的適用を選ぶか否かであると述べている。日本では,まだワーカーがテレワークを自ら選べるほど諸制度が整備されたり,普及していないので,経営者のテレワークに対する理解不足がデメリットを過剰に意識させ,それがテレワーク導入に対する阻害要因になっているのである。

現在,企業におけるインターネットの整備や利用は盛んであるものの,テレワークを導入するとなれば,さらなるICTへの投資が必要となる。投資をする以上,経営者はやはり財務業績との結びつきを最も期待することになるが,ICTへの投資が財務成果の向上へ直接結びつかないことが,まず経営者レベルにとっては懸念材料となっている。Powell & Dent-Micallef[18]は,ICT投資を財務業績の向上へ結びつけるためには,CEOのコミットメントやコミュニケーションの活性化,企業目標に対するコミットメントの形成など人間に関わる補完資源が必要であると述べている。筆者は,ICT投資によってテレワークを行なえるICT環境が整備されれば,それが人々のコミュニケーションや情報交換を促し,長期的に財務業績の向上へ結びついていくと考えているが[19],このようなICT投資と財務業績との結びつきについて,経営者クラスがその長期的な因果関係を十分に理解しなければ,テレワークの普及にはつながらないだろう。

また中間管理職たちは,フォーマルであれインフォーマルであれ,テレワー

クの導入によって部下を直接管理したり，指導・助言する機会が減少し，部下の人事評価が難しくなることを懸念している。そして，業務プロセスの変革に対する中間管理職たちの強い抵抗感も阻害要因となる。

一般的に，中間管理職たちは，新しい改革に対して反対する傾向がある[20]。清水[21]はその理由として，入社以来の努力の変化や，やっと身につけた経営管理上のノウハウの変更に対する困惑を挙げている。ミドルによる上下・左右の双方向のコミュニケーション活動は，創造的組織学習を実践する上で非常に重要なのである[22]が，実際に彼らは保守的で，あまり大きな変革に携わろうとしない。なぜなら，彼らは組織内における社会的関係や，既存の知識体系・価値体系の中で培われた優位性を保ちたいと思っているからである[23]。テレワークの様な管理方法や評価方法の根幹を変えるような制度の導入は，彼らの優位性にダメージを与える可能性が高いため，このような新制度を正確に理解しようとしないのである。テレワークを積極的に導入し，普及させていくためには，経営者だけではなく中間管理職たちの理解不足も払拭しなければならないだろう。またこのようなミドル層の抵抗の他に，社内の慣習も改革に対する抵抗力となる[24]。それぞれの企業にはそれぞれ独自の仕事のやり方がある。テレワークのように今までと異なる情報メディアを伴った新しい労務形態の導入は，今までの慣習にアンバランスをもたらすため，それに対する抵抗力は大きいものとなるのである。

2-3-2 コミュニケーション不足に関するデメリット

コミュニケーション不足がデメリットとして挙げられることも多い。例えば，Duxbury et al.[25]は，テレワークのデメリットは明らかに同僚とのコミュニケーション不足であると述べている。通常，ワーカーは，営業職などを除き，基本的に職場におけるフェース・トゥ・フェースのコミュニケーションを介して業務を行なっているが，テレワークによって程度の差こそあれ，この基本パターンが変化することになる。コミュニケーションが沈滞化すれば，ワーカーのモラール低下をまねき，最終的に企業業績の低下につながることにな

る.

　例えば古川[26]は，日本のオフィスにおけるコミュニケーション状況とホワイトカラーの生産性について調査し，フォーマル・インフォーマルを問わず，コミュニケーションが活発であるほど，ホワイトカラー・ワーカーのモラールが高いという結果を得ている．特に，日本のような高コンテクストな文化をもつ国では，人々は多大なコンテクスト情報を含みうるコミュニケーションを好むといわれている[27]．フェース・トゥ・フェースのコミュニケーションは最も多くのコンテクスト情報を含んでいるのであるが，現在の情報リッチなICT技術の進展によって，テレワークと十分に代替可能であると考えられる[28]．このように，テレワークを導入したとしても，コミュニケーションをほぼ現状通りに保持することは，技術的には可能である．コミュニケーションの状況を活発にするか否かは，それを利用する人々の運用上の心構え次第であると考えられる．またIllegems & Verbeke[29]は，柔軟性の改善や生産性の向上，優秀なスタッフの保持，企業イメージの向上などをテレワークから期待される効果として挙げているが，これらはたとえテレワークによってフェース・トゥ・フェースのコミュニケーションの機会が減少したとしても，必要なコミュニケーションが依然として維持されていることが前提となっている．そしてHarrison et al.[30]が述べているように，近年の経営管理は決められたタスクの厳密性や階層的に行なわれているワークプロセスから離れ，高度に自律性をもった人々が，自らを動機づけて行なうことを前提としてきている．それを実践するためには，業務上のやり取りが増えなければならないのであるが，テレワークによってそれが阻害されてしまっては意味がない．テレワークに期待される効果が上がるためには，そこでのコミュニケーションが活発でなければならないのである．このように，現行のコミュニケーション状況をいかに維持するかだけでなく，さらにより活発なものにできなければ，コミュニケーション不足がテレワークの導入・実施上の阻害要因となるわけである．

2-3-3 セキュリティに関するデメリット

　情報セキュリティに関する問題も分散型労働の一例であるテレワーク実施上のデメリットと考えられる[31]。情報や機密の漏えい，サーバーへの不正アクセス，コンピュータウイルスへの感染など，ネット上の情報セキュリティに関する問題は，日々マスコミなどで報じられている。そのため，ネットを介して業務を行なうテレワークはセキュリティ上の危険をはらんでいるのではないかと危惧する人々も少なくない。例えば，Offstein & Morwick[32]は，セキュリティ上の侵害は，組織に対するテレワークの便益があるにもかかわらず，テレワークを終了させると述べている。しかし古川[33]が述べているように，日本におけるネットセキュリティシステムは世界的に見ても非常に優れており，致命的な問題が起こる可能性はそれほど高くはない。安全であるが人々が安心していないのである。テレワークを安心して利用することができなければ，十分なメリットを享受することにつながらないだろう。それ故，セキュリティ対策に万全を期し，情報セキュリティに関する安心感をより高めていくことがテレワーク実施上の課題といえるだろう。

2-3-4 テレワーカーの個人的な問題に関するデメリット

　テレワークを利用してオフィス以外で仕事をするということは，ワーカーの自律性を高めるというメリットがある一方で，彼らの社会や企業からの疎外感を引き起こすというデメリットもある。疎外感が大きくなると，キャリアパスへの不安が増大し，それがストレスとなったり，モラールダウンにつながることにもなる。Ford & McLaughlin[34]は，人事管理担当マネジャーを対象としたアンケート結果から，テレワーク時の最大の問題はテレワーカーの孤立感と仲間意識の欠如であることを見出している。Fay & Kline[35]は，テレワーカーと同僚との会話はテレワーカーと組織の一体感やコミットメントと関係しているとし，テレワーカーが組織や同僚から排他的なメッセージを受け取ればそれが彼らの疎外感を生み出し，組織に対するコミットメントの低下につながると

指摘している。Ward & Shabha[36]は，テレワークはテレワーカーの社会的孤立を引き起こす可能性があることを指摘し，孤立感を緩和するためには，テレワーク環境の決定にテレワーカーが関与し，オフィスで働く同僚と同様の労働環境を整える必要性を主張している。Kurland & Cooper[37]は，インタビュー調査の結果より，ワーカーが長期的にテレワークを行なう場合や雇用されて間もない時，また昇進したい時に業務上の孤立感を感じていると指摘しているが，その問題には様々な事柄が複雑に絡んでいるため，現時点でテレワーカーの孤立感を簡単に解消できないとしている。

さらに，テレワーカー個人の問題と並んで，従来通りオフィスで働いている同僚が不満を訴えたり，退職の意思を引き起こしたりするというデメリットもある。Golden[38]はハイテク企業に勤めるテレワーカーを同僚にもつノンテレワーカー100人を対象としてアンケート調査を行ない，テレワーカーの増加がオフィスで働く同僚の満足感を下げるということを見出し，これを避けるためにはフェース・トゥ・フェースで会う機会を増やし，オフィスで働くノンテレワーカーの自律性も同時に高める施策が必要と述べている。

また，テレワークを自宅中心で行なう場合，テレワーカーが家庭のニーズへ積極的に対応することを求められる可能性もある[39]。そのことが，本人だけでなく家族においても，様々なストレスの源となり，テレワークへの抵抗となっている場合が多い。Gurstein[40]は，テレワークを利用して自宅で業務を行なうようになれば，家庭がもはや外界からのバッファではなくなり，ストレスや欲求が家庭を侵害するようになると指摘している。Kreiner et al.[41]は，仕事と家庭の境界不一致は境界の破壊と，仕事と家庭の間のコンフリクトを導くと述べ，コンフリクトを減じるためには行動的・物理的境界対処策の実施が必要だと説いている。Kossek et al.[42]は，情報系と金融系企業で働く245人のテレワーカーに対してアンケート調査を行ない，ワーカーの転職の意図やうつ状態，総労働時間が仕事→家族のコンフリクトと高い正の相関を示す一方，ワーカーのうつ状態，子供がいること，仕事と家族を分離する境界マネジメントの実施が家族→仕事のコンフリクトと高い正の相関を示すことを見出している。

つまり，子供がいる家庭でテレワークを行なう際に，仕事と家族を分離する程度が高いと家族がテレワーカーとコンフリクトをもつ傾向にあるといえるだろう。これについてGurstein[43]は，以下のような内容を述べている。つまり，家庭でテレワークを行なう環境は，通常他の家庭内行動に使われるスペースであることが多く，テレワーカーは家族のニーズの周りでスケジュールを組むことになる。それ故，業務中心のテレワーカーにとって，業務環境が家庭環境を支配し，彼らの日々のスケジュールは業務を中心として組まれることになる。結果として，家族→仕事のコンフリクトが次第に大きくなるということである。日本の家屋は欧米の家屋と比べて居住面積が小さいため，テレワークを実施する場合，家庭内でのコンフリクトはいずれの方向においてもより多くなると考えられる。

2-4　テレワークの成功に向けて

　前節までで，今日の日本におけるテレワークのメリットとデメリット，そしてテレワークを導入しようとする際の阻害要因などについて述べてきた。本節では，テレワークに対するマイナスのイメージを払拭し，テレワークを成功に導くための要因を考えることにする。
　まず，個々の企業におけるテレワークの用途や目的をあらかじめはっきりさせておくことが重要である。前述したように，ICTの進展と無線LANやWi-Fiサービスが全国的に普及するにつれて，テレワーク導入・普及の可能性がさらに大きくなっていることは事実である。しかし，高速のネットワークシステムが存在していても，偏在している様々な知識や情報が自然につながるわけではない[44]。そしてその知識が暗黙知に近いものであるほど，ネットを介してそれらがつながる可能性は低くなると考えられる。第3章で詳述するが，暗黙知同士を結合したり，暗黙知を形式知へ変換していく段階では，テレワークはあまり適しておらず，むしろ，フェース・トゥ・フェース，またはそれに限りなく近い手段によるほうがよいと考えられる。

一方，形式知同士を結合し，新たな形式知を創造しようとする場合には，テレワークはその威力を十分に発揮すると考えられる。なぜなら，形式知はフォーマルな形で表現されている場合が多いため，ネットを介して情報交換しやすく，また同時に多数の人々に伝えられるため，それだけ情報の新結合の機会が幾何級数的に増えるからである。このように，テレワークは形式知のように内容が比較的明確で，文書化しやすい情報のやり取りに向いている。そのことを念頭に置かずに，インフラが整ったというだけで，業務に関するあらゆる情報交換をテレワークで行なおうとするのは間違いである。情報の内容と使用するメディアの合致がなければ，期待されるメリットや成果はなかなか得られないだろう。

次に，テレワークを利用する人々の間で，あらかじめお互いの信頼関係が成立していることが重要である[45]。テレワークでは，日頃お互いに顔を合わせない人々が協働している。それゆえ，ちょっとした表現の食い違いが大きな誤解や問題，コンフリクトに発展してしまうこともある。また，ネットを介するがため情報が漏えいしてしまう危険性もある。メンバー間の信頼関係が大きいほど，このようなリスクが生じる可能性は低くなるだろう。特に，扱っている情報の機密性が高まるほど，より強力な信頼関係が求められる。メンバー同志の信頼関係を強化するためには，1～2週間に1度という具合に，定期的にメンバー同士が顔を合わせて，意思や意見，業務の方向性の統一を図る機会を設けることが重要である。ただ，前述したようにテレワーク時のコミュニケーション頻度の低下はテレワークのデメリットとして取り上げられることが多い。コミュニケーションの頻度が低下すると，お互いの意見に対して疑心暗鬼が生じ，お互いを競争相手と見るようになり，信頼関係も弱まってしまう。これを防ぐために，定期的なミーティングや打ち合わせが必要なのである。Smidts et al.[46]がいうように，コミュニケーションの内容よりも，メンバーを積極的にコミュニケーションに参加させ，重要なことに取り組んでいるという経験や自分の意見が取り入れられているという経験が，人々の組織への帰属意識を高めるのである。テレワークの最大のメリットは時間と空間の柔軟性が高

まることなので,四六時中メンバーと顔をつき合わせてモノゴトを考える必要はない。その代わりに,たとえ短い時間であっても,定期的に時間と空間を共有することで,信頼関係や「相互に結びつけられている」という感覚[47]を維持し,テレワークというバーチャルな環境においても常にオープンな感覚でコミュニケーションを行なうことが重要なのである[48]。

　また,どのような職種の人にテレワークを許容するかも明確にしておかなくてはならない。近年,特定の職種に特化してテレワークが利用されているわけではなく,事務職,専門・技術職,管理職など幅広い職種でテレワークが利用されている[49]。かねてから,業務内容に関して高度の自律性をもち,その成果によって評価される職種ほど,テレワークやバーチャル・オフィスの利用に適性があるといわれており[50],その意味で,専門職や技術職,管理職のテレワーク利用が増加してきたのは至極当然のことである。特に,組織における管理職の立場は,従来の情報伝達における仲介的立場から,様々なアイデアや知識と戦略的な問題を結びつける立場[51]へ移行しつつある。彼らが,情報交換を通して自律的に情報を新結合させ,自ら新たな知識を創造するためには,積極的なテレワークの利用が今後さらに欠かせないものとなるだろう。

　さらに,テレワークを導入しようとする際,社内のそれに対する抵抗力を十分に把握した後に,進めていくことが必要である。前節で述べた通り,中間管理職の情報伝達にテレワークは有用だが,彼ら自身が新しいシステムの導入にあまり積極的でないことも多く,いきなり新システムを導入しようとしても,抵抗感ばかりが前面に出て,システム自体が単に形骸化してしまう恐れもある。それを避けるためにも,じっくり時間をかけてテレワークのメリットや有用性を説き,理解してもらう必要があるだろう。

　テレワークをさらに普及させるためには,企業自らが利便性の良い情報通信インフラの整備を進めることも必要である。いくらインターネットを利用して自宅やその他様々な場所から業務を行なうことが可能だといっても,日本の住環境を考えれば,欧米企業のように仕事用の部屋を1室確保するというのは,はっきりいって困難だろう。また,インターネット・カフェやコワーキング・

スペースで,定常的に業務を行なうのは,効率性の面でもセキュリティの面でもあまり薦められるものではない。それゆえ,企業自らが主要ターミナルや郊外都市にテレワーク・センターなどを設置することが必要となる。以前,実験的に行なわれていたサテライトオフィスでは,コミュニケーション不足や疎外感など様々な問題が指摘されたものの,現在では,通信インフラの状況も人々のテレワークに対する認識も,当時とは大きく変化している。今こそ,テレワーク・センターやタッチダウンスペースの積極的な設置をそれぞれの企業が検討すべきであると筆者は考えるのである。

　最後に,当面のところ,テレワークの利用を希望する人に対してのみこれを許容し,従来の労務形態を望む人には強制しない方が良いと考える。労務形態の変更は,個人の業績評価と直結するため,それぞれの個人のストレスに結びつく可能性が高い。それゆえ,希望者を募り,各自の業務内容,業務方法,評価方法などを事前に十分に検討し,メンバー間だけでなく,全社的に統一された認識を確立した上で運用すべきである。なぜなら,テレワークでは基本的に時間と空間が共有されていないので,業務を担当する全ての人々の業務内容が事前にしっかり特定化され,かつ,ネットワーク化されていなければ機能しないからである[52]。そして,もし途中で不都合な点が生じたなら,いつでもすぐに相談・改善できる体制作りも必要である。また,テレワーカーと従来型の従業員との間で,処遇面でコンフリクトが生じないように常に気をつけておかなくてはならない。これについても,もし問題が生じたならば,すぐにそれに対処できる体制作りが必要である。

2-5　まとめ

　以上の各節において,テレワークの導入・実施によるメリットとデメリットをそれぞれ詳しく述べてきた。メリットがあることは十分に理解できるが,その一方で,デメリットがあることも十分理解できる。そしてメリットよりもデメリットが強調されるが故に,テレワークの導入がなかなか進まないのだろ

う。しかし，今後さらにワーカーの働き方が多様化したり，オフィスワークが定型的・分業的なソロワークから臨機応変で交流型のグループワークに移行[53]したり，労働力人口の減少により女性や高齢者をワーカーとして積極的に利用する必要が出てくることを考えると，テレワークのより一層の導入・実施は避けて通れない。そのためには，テレワークのデメリットを最小限に抑え，メリットをできるだけ多く享受するための施策を考えていくことが重要である。理論ベースの施策については本章で示したが，それらの実際の効果については，第4章以降で述べていくことにしよう。

（1）佐藤彰男［2006］p.39。
（2）Kurland & Bailey［1999］pp.56-58。
（3）Crandall & Gao［2005］pp.30-33。
（4）Mello［2007］pp.254-255。
（5）http://www.kantei.go.jp/jp/singi/it2/dai41/41siryou5.pdf（2015.4.15.閲覧）
（6）岡本・古川・佐藤・馬場［2012］pp.261-268。
（7）ピンクは，会社が基本的な報酬ラインを満たしていれば，昇給よりも価値があるものは，自分の好きなように仕事をする自由だと述べ，自律性の重要性を指摘している。ピンク［2010］p.127。
（8）Kossek *et al.*［2006］p.363。
（9）小豆川裕子他［2004］pp.30-31。
（10）木下巌・比嘉邦彦［2008a］pp.1-15。
（11）木下巌・比嘉邦彦［2008b］pp.33-45。
（12）Donaldson & Weiss［1998］p.29。
（13）古川靖洋［2002b］pp.25-40, 鯨井康志［2005］pp.17-18。
（14）下崎千代子［2001］p.2。
（15）Verbeke, *et al.*［2008］p.197。
（16）佐藤彰男［2008］pp.50-56。
（17）Illegems & Verbeke［2004］p.16。
（18）Powell & Dent-Micallef［1997］p.396。
（19）古川靖洋［2006］pp.25-29。
（20）十川廣國他［2002］p.158。
（21）清水龍瑩［1993］p.172。
（22）十川廣國他［2009］p.69。
（23）十川廣國他［2009］p.64。

(24) フェファー［1998］p.63, Probst & Büchel［1997］pp.64-72.
(25) Duxbury et al.［1998］p.249.
(26) 古川靖洋［2006］pp.114-117。
(27) Duarte & Snyder［2006］p.59.
(28) 例えば，コクヨ社では，遠隔会議を行なう場合，非常に解像度の高いカメラと鮮明な大型ディスプレーを利用することによって，できるだけ多くのコンテクスト情報をお互いに共有できるように心掛けている。実際，工場で試作しているサンプルなども，工場に足を運ぶことなく，インターネットカメラを用いて，細かい仕様の打ち合わせまで行なっている。筆者のインタビュー調査による。2009.1.6., コクヨ（株）エコライブオフィス品川にて。
(29) Illegems & Verbeke［2004］p.71.
(30) Harrison et al.［2004］p.34.
(31) Harrison et al.［2004］p.52.
(32) Offstein & Morwick［2009］p.119.
(33) 古川靖洋［2010］p.6。
(34) Ford & McLaughlin［1995］p.71.
(35) Fay & Kline［2012］p.61-76.
(36) Ward & Shabha［2001］pp.63-66.
(37) Kurland & Cooper［2007］pp.121-122.
(38) Golden［2007］pp.1660-1662.
(39) 例えば，Kraut et al.［1998］p.1025.
(40) Gurstein［2001］pp.150-152.
(41) Kreiner et al.［2009］pp.710-717.
(42) Kossek et al.［2006］pp.347-367.
(43) Gurstein［2001］pp.150-152.
(44) 國領二郎［2001］pp.5-6。
(45) フォン・オイテンガー・ハンセン［2001］p.67, Amar［2002］p.52.
(46) Smidts et al.［2001］pp.1058-1059.
(47) ドレイファス［2002］p.129。
(48) 田澤由利［2014］pp.159-180。
　　また，徳島県神山町などのサテライトオフィスでテレワークを実施している株式会社ダンクソフトの星野晃一郎社長は，テレワーク成功の要因の一つとして，本社オフィスとサテライトオフィスの様子を映像だけでなく音声も常時双方向で映し出していることを挙げている。筆者によるインタビュー調査。2015.6.21., ちよだプラットフォームスクエアにて。
(49) 日本テレワーク協会［2013］p.135。
(50) Amberg & Zimmermann［1998］p.121.

(51) Floyd & Wooldridge［2000］p.119.
(52) 下崎千代子［2001］p.14。
(53) 岸本章弘［2011］p.42。

第3章 テレワークと知識マネジメント

本章では,テレワークを用いた知識創造業務について考える。まず競争優位の源泉としての知識の重要性を述べていく。そして,ナレッジマネジメントを行なう上で,知識創造過程のどの過程でテレワークに適性があるのかを検討する。具体的には,ワーカーそれぞれがお互いに知識を提供し,その内容を確認し,新たな知識として自分のものにしていく過程において,テレワークが有用であるのかどうか,そしてどの過程において最も高い効果を上げることができるのか,そしてテレワークを行なう組織の管理をどう行なうかについてまず論じていく。次に,電子メディアを用いた意思決定支援システムが奏功する条件を示した後,フェース・トゥ・フェースのコミュニケーションの機会が少ないテレワーカーの心理について考察し,ワーカーを相互に結びつける信頼性について述べていく。そして最後に,テレワーカーの行動に影響を及ぼすリーダーの役割についてまとめていく。

3-1 競争優位と知識の重要性

21世紀に入って以来,外部環境の変化はより一層激しいものとなり,その変化に適応するための企業間の競争も熾烈なものとなっている。他社に対する競争優位を確立するためには,他社にまねされにくい強みをもっていることが重要になる。清水[1]は,強みが物的なものよりは人的なもの,ハードよりもソフトの方がまねされにくいと述べている。バーニー[2]は,持続的競争優位をもたらす特徴として,経営資源の模倣困難性と代替困難性を挙げている。ハメル[3]も同様に,知的資産は物的資産に比べてますます重要性を増しており,他ならぬワーカーそのものが資産としての価値をもっていると主張している。また明石[4]も,情報公開を伴わない,見えないノウハウこそ,競争優位の源泉と

述べている。このように，今後企業が競争戦略を展開する上で，物的資産よりも個々のワーカーのもつノウハウや斬新なアイデア，知識などの知的資産がそのベースとなっていくことは明らかであろう。

図3-1に示すように，バブル崩壊後に，重視する経営目標は，それまでの「新製品開発」から「コスト削減」へ大きくシフトした。2000年以降には再び「新製品開発」を重視する企業が増加傾向にあったが，近年は，経営目標を絞り切れず，多様な経営目標が乱立している状況となっている。ただ，いつまでもコスト削減やリストラクチャリングのような後ろ向きの経営をしていては，業績の回復もままならないことは事実である。日本企業が生き残るためには，グローバルレベルで受け入れられる新製品の開発が必要なのである。

従来，日本経済の成長を支えたのは，企業による改良・改善型あるいは市場ニーズ適応型の価値創造であった。しかし，そのような価値創造では現在の激しく急速な環境変化に対処できなくなってきている。そこで求められている価値創造は今まで全く存在しない全く新しい製品やサービスの創造であり，それから得られる利益の早期収穫である[5]。具体的には，斬新な技術革新によって急速な競争優位性を確保したり，eコマースによって，従来にはないビジネス

図3-1 重視する経営目標（現在）

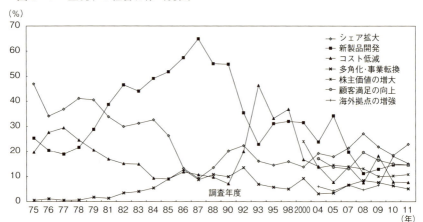

出所：岡本・古川・佐藤・馬場［2012］p.69．

プロセスを確保したり，新技術獲得のための時間を節約するためにM&Aや戦略的提携を展開したり，コストを削減するためにサポート機能をアウトソーシングするといったことを，企業は複合的に行なってきた[6]。このようなことを積極的に進めるためには，各ワーカーが知識やアイデアを創出し，創造性の発揮が常に行なわれていなければならない。特に近年，ワーカーの高学歴化が進み，また，彼らが長時間に渡って時間と場所を問わず働く傾向[7]が，新たな知識創造の礎となっているのである。

　前述したように，企業のもつ独自の知識が競争優位の源泉となるためには，その知識に価値があり，他社による模倣が困難であり，また他社がその代替知識を獲得することも困難であることが必要である[8]。この模倣困難性という点については，個人がもつ業務上のノウハウなどの暗黙知に大いに依拠することは疑いがない。そういう意味において，企業にとって重要な知的資産を創造したり保持している人的資源は最も重要なものとして考えられる[9]。

　しかし，個人の知識のみを重視し，それだけに頼っていたのでは，企業レベルでの知識創造やイノベーションに結びつかない。これを達成するためには，個人の知識を顕在化させ，企業レベルの知識として統合し，全社的に活用していくシステムが必要になるのである。

　それでは，各企業は個々のワーカーがもつ知識をどのようにして結びつけているのであろうか。十川他の行なったアンケート調査[10]によると，全社横断的プロジェクトチームの活用が活発な企業では，新事業・新製品開発が効果的に行なわれる傾向があることが示された。またダフト[11]も事業部門間の横の連携が十分に取れていることが，イノベーションを起こすために必要だと述べている。個人レベルでの知識を統合し，企業レベルで斬新な知識やアイデアを創造するためには，狭い領域や似かよった領域に依存している人々を結びつけるのではなく，常識では結びつかないような領域の人々を多様な形で結びつける必要がますます増大すると考えられる。

　このように，他社に容易に模倣されない新事業や新製品を開発していくためには，各部門そしてそこに所属する人々が所有している異質の情報や知識，ノ

ウハウなどの知的資産を積極的に結びつけ，情報の新結合を起こすことが今後ますます重要になってくる。そのためには，同一部門内での縦のコミュニケーションだけに留まらず，部門の壁を越えた組織横断的なコミュニケーションも重要になる。ただ，このようなコミュニケーションに参加する人々は同一時間に，同一の場所で必ずしも共に業務を行なっているとは限らない。それゆえ，そのような場合，インターネット上で各種コミュニケーションツールを用いて，お互いの意思疎通を図らなければならない。

ただ，さまざまな領域に属する人々を多様な形で結びつけることは，従来の業務形態では，時間的空間的に困難であることが多い。それぞれ各自の領域でエキスパートクラスの専門知識をもつ人になればなるほど，当該領域ではもちろん，様々なプロジェクトに対しても引く手あまたであるからである。また，そのような人々が必ずしも同じオフィス内にいるとは限らず，場合によっては，異なる建物や異なる国に居住していることもあるだろう。このような人々を結びつけ，コミュニケーションを行ない，議論を戦わせ，最終的に新たな知識を作り出していくのに一役を買う働き方の1つがテレワークである。今や，全世界的にインターネットが整備され，そして高速化している。また，従来の電子メールだけではなく，SNSや映像を介したチャット，解像度が非常に高い遠隔会議システムなど様々な形でリアルタイムに情報交換することが可能となっている。もちろん日本においても，インターネットは企業にとってもワーカーにとっても欠かせないものとなっている[12]。インターネットがあるが故に，我々は時間的・空間的ギャップをあまり気にすることなく，コミュニケーションができる。このようなインターネット上の各種コミュニケーションツールを積極的に利用して，お互いに顔を合わさなくとも，業務を行なっていくのを可能にするのがテレワークなのである。

このように述べてくると，インターネットを基調とする情報ネットワークさえきちんと整備すれば，テレワークを用いて，新たな知識がいくらでも創造されるのではないかと思われるが，そうは簡単にいかない。例えば，インターネット上では，多少風変わりな意見であっても，それに同調する人が必ず存在

している。数は少なくても同様の意見をもつ人々がオンライン上で議論を繰り返せば，そこから生じてくる見解がますます極端な方向へ向かってしまうこともある[13]。一方で，意見が対立する場合，それがオンライン上での誹謗や中傷へつながっていくということも起こりうる。また，扱われる情報の機密保持の問題も生じてくるだろう。インターネットを介したコミュニケーションや，知識交換の頻度が高まれば，組織全体への情報の民主的拡散をもたらし，従来の官僚的統制では対処することが次第にできなくなる[14]。そして，企業はこのようなプログラム化されていない統制や意思決定をあまり経験したことがない[15]。それゆえ，各個人の行動を企業にとって有効な価値観によって統制することが今後ますます必要になってくるだろう。このように，斬新な知識を創造するためにテレワークを用いる場合，お互いの知識のやり取りやコミュニケーションの方法について，マネジメントが必要になるのである。

3-2　ナレッジ・マネジメントとテレワークの適性

　個々のワーカーのもつ知識が競争優位の源泉になりうることは前述した通りだが，個人がもっている知識が顕在化せず，彼らの頭の中に留まったままでは競争優位につながらない。彼らの知識が顕在化し，人々がコミュニケーションによってその知識を伝達し，社内の各部署が知識を有効利用し，情報の新結合が起こって初めて，新製品などに代表されるような具体的な存在へ発展していくのである。

　部門内であれ，部門間であれ，人々がコミュニケーションを行なう場合，そこでは様々な内容の知識の伝達・やり取りが行なわれている。野中と竹内[16]は，知識を暗黙知と形式知の2つに大別し，それぞれが相互作用をするとしている。そして，個人に源をもつ知識（暗黙知）は，共同化（socialization），表出化（externalization），連結化（combination），内面化（internalization）という4つの知識変換モードを経て，形式知化され，組織の知識となっていくと主張している[17]。価値があり，模倣が困難である知識は，いうまでもなく個人の頭

の中にある暗黙知である。そして，暗黙知をいかに形式知化し，そして全社レベルの形式知として統合し，戦略的に利用していくかによって，企業の成否が決まるといっても過言ではない。

ただ，このように知識変換プロセスをモデル化できたとしても，実際に個人のもつ知識を顕在化させ，それを組織共有の知識へと変換させていくことは容易ではない。より効率的にこの変換プロセスを作動させるためには，それなりの工夫が必要になる。

まず考えられるのは，情報交換のためのインフラの整備である。現在，ICTインフラの整備は日進月歩で進んでいる。このインフラを用いて，いつでもどこでも頭に浮かんだアイデアや知識を，それを求めている人やそれに対して積極的にコメントしてくれる人に伝えることができれば，その知識自体がブラッシュアップされるだろうし，より多くの人々の目に触れることで暗黙知が形式知へ転換されやすくなると考えられる。

競争優位の源泉となるような革新的なアイデアや知識は，主として研究職や専門職，技術職のワーカーに由来することが多いが，暗黙知は全てのワーカーがもちうるものである。ワーカーはテレワークを，個々の業務にかかわる情報収集や日々の定常的なコミュニケーションに利用できるのであるが，どちらかというと，その際に暗黙知の伝達はあまり行なわれず，そのまま個人に留まってしまっている可能性が高い。

全社レベルで統合された形式知が他社から模倣されにくいユニークなものであるためには，似かよった領域よりも，様々な異なる領域の暗黙知がその源である方が，より斬新で独創的な知識となると考えられる。そして，このような多様な源泉をもつ知識を統合し，知識の新結合を行なう手段の1つとして考えられているのがテレワークである。

テレワークを行なうためにICTインフラの整備に力を入れれば，ネットワークの利用を介して，それぞれの個人がもつ知識（特に暗黙知）を多くの人々の間で共有できるようになると，しばしば主張されている。しかし，筆者[18]はICTインフラの整備だけで暗黙知の共有がそのまま進んでいくとは考

えていない。ドレイファス[19]も、このことについて、身体を欠いたサイバースペースの中では、専門的知識を獲得することはできず、共有された状況が必要であると述べている。野中と竹内[20]も、他人の暗黙知を獲得するには、経験の共有が必要で、修行中の弟子が観察、模倣、練習によって師匠から技能を学ぶことをその例として挙げている。

　このように個人がもっている暗黙知の内容を引き出していく共同化段階は、SECIモデルの中において、最も難しい部分と考えられる。特に、それが他社にまねられない内容を含むものであればあるほど、困難さは一層増すであろう。テレワークを用いても経験の共有は、必ずしもできるわけではないので、テレワークだけで他人の暗黙知の獲得が促進されるとは考えられない。しかし、テレワークを経験の共有のベースとなる状況や機会を作り出すことに利用することは可能だろう。

　今までに存在しない革新的な新規事業や新製品開発を始めようとする場合、当初その問題領域は非常に曖昧である。その段階では、いったい何が問題となっていて、どのような対処方法が存在しているのかといった点が不明確である[21]。この段階において、まず問題解決に関係がありそうな情報や知識をもつワーカーをピックアップし、彼らとコンタクトをとる必要がある。ただその際、それぞれのワーカーが必ずしも、同一部署内のように、空間的に近くに存在しているとは限らない。一般的に、組織セグメント間でのオープンなコミュニケーションは、創造的成果を導出するといわれている[22]。それゆえ、彼らが新事業開発を目指して、お互いに組織セグメントを越えてコミュニケーションを行なっていく上で、テレワークは有効な手段の１つになりうるのである。

　ファーストコンタクト後、専門知識やノウハウをもっているワーカー同士が、直接その詳細な内容のやり取りをし始めると、同じ問題領域であっても、それぞれの人々がそれに対して様々な意味や解釈、解決方法をもっている状況が明らかになる。つまり、問題や解に対して、複数の解釈が存在する状況下に置かれるのである。このように、１つの問題領域に対して多義性がはびこったままでは問題解決が進まないので、その解消が必要である。Probst &

Büchel[23]はコンセンサスに至るディスカッションや議論がなければ，個々人の学習は組織において価値がないとさえいっている。そしてコンセンサスを得るためには，フェース・トゥ・フェースのような共有経験を伴ったリッチなメディアが必要になる[24]。また近能[25]は，コード化が容易な形式知であれば，冗長性のないネットワークの下で流通するが，暗黙知やきめ細かくてリッチな情報や機密性の高い重要な情報は，高い頻度で直接接触を繰り返すことなしには伝え合うことができないため，結合の強いネットワークの下でしか流通しえないと述べている。

　この段階は，野中と竹内のいう，暗黙知を形式知へ変換している表出化の段階であり，テレワークはそれほど有効な手段ではない。Straus & McGrath[26]やDaft & Lengel[27]も，多義性を含み，高度の調整を必要とするタスクでは，フェース・トゥ・フェースによるコミュニケーションなどに代表されるメディアの方が優れているとしている。このように，この段階では当事者同士が，対面的なコミュニケーションを行なうことで多義性を除去し，一気に重要な知識概念を共通概念として明確化し，それを共有できるようになるのである。即ち，問題領域の内容が明確になり，問題解決に向けて，専門家などから獲得した専門知識を，その内容をより多くの人々と共有するために，形式知化するのである。

　SECIモデルでは，上述のプロセスで生み出された形式知は，他の形式知と新結合して，さらに革新的な形式知となっていく[28]。この連結化の段階では，問題解決に向けて具体的な情報を次々に組み合わせて，最適解を導き出すのである。即ち，必要な情報をより多く収集することによって，不確実性をできるだけ削減しようとしている段階なのである[29]。Daft & Lengel[30]は，十分に理解されているメッセージや標準データに対しては，文章などのリッチネスが低い（プアな）メディアが有効であると述べている。この段階では，解決策を作るために必要な情報は明確なもの，つまり形式知なので，その情報のやり取りには，テレワークが有効な手段になると考えられる。また，形式知のやり取りが中心になればなるほど，人やモノの分散化が進むため[31]，さらにテレ

ワークの利便性が高まるのである。

　連結化段階で新たに創造された形式知は，その後，それぞれの個人が各自の暗黙知として，内面化していく段階に移行する。この段階での知識変換は，ほとんどが個人ベースで行なわれるので，不明な点の確認や日々のコミュニケーション以外でテレワークを使うことはないし，有用ではないだろう。

　以上で述べてきたように，企業内の知識創造過程の全過程において，テレワークが情報交換やコミュニケーションに有用だとは考えられない。暗黙知のように文章として表現するのが難しい知識を伝える場合は，フェース・トゥ・フェースの方が優れている。しかしその一方で，形式知の伝達や結合を行なう場合は，テレワークは有効な手段の１つだろう。このように，知識創造のための情報交換やコミュニケーションを行なう際，いきなり特定のメディアに特化してしまうのではなく，現在，知識創造過程のどの段階にあるのかを十分に踏まえた上で，最適なメディアを選択することが重要なのである。それがフィットすれば，知識創造がより促進されることになるだろう。以上で述べてきたことをまとめると**表3-1**のようになる。

表3-1 SECIモデルの段階と使用メディア，テレワークの適性の関係

モデルの段階	→共同化→	→表出化→	→連結化→	→内面化→
扱われる知識	暗黙知→暗黙知	暗黙知→形式知	形式知→形式知	形式知→暗黙知
目的	・曖昧性の除去	・多義性の除去	・不確実性の縮小 ・解の明確化	・解の保持
適正なメディア	リッチなメディア（フェース・トゥ・フェースなど）中心	リッチなメディア→プアなメディア	プアなメディア（文章，電子メール，Faxなど）中心	プアなメディア→リッチなメディア
テレワークの適性	× ただし，お互いのコンタクトを取る上では有用	×→△ 暗黙知が形式知化するに従って次第に有用になる	○	× 不明な点の確認のみに有用

個々のワーカーが状況によって最適なメディアを選択できるようにするためには、全社的に情報交換やコミュニケーション、さらには、知識創造についての統一的なビジョンがトップレベルから提示され、そのビジョンについて社内でコンセンサスが得られていることが重要である。フォン・クロー他[32]も「ナレッジ・ビジョンの組織内の浸透」を、組織活動を起こす役割の1つとして挙げている。このようなビジョンがなければ、個々のワーカーは、日頃からどのような情報や知識に注目して情報収集をし、それらをどのように開示し、検索し、結合するかわからなくなってしまう。トップから知識創造に対する方向性が示され、それについてのコンセンサスが得られて初めて、知識創造への全社一丸となった動きとなるのである。例えば、社内において、どの職種の人々が主として暗黙知を創造・保持しているのか、またどの職種の人々がその暗黙知を形式知化し、データベース化していくのか、それを個人ベースで行なうのか、それともグループベースで行なっていくのか、そしてどの段階でテレワークの利用が有効なのかなど、あらかじめ明らかにしておくことは必要だろう。企業には様々な人々が集まっているが故に、全ての人々に同様の要求をしてはならない。知識創造についてのビジョンを示し、それについてのコンセンサスを得るということは、個々のワーカーが全社的な方向性を把握しているだけでなく、その中でそれぞれ各自の役割や使用するメディアについても十分に認識していることを意味しているのである。そして、このような状態が一時的なものではなく、定常的なものとして企業に定着して初めて、知識創造プロセスが有効に機能するといえるのである。このようなプロセスを経て、個人のもつ暗黙知がより多く顕在化し、形式知に転換していけば、それが競争優位の源泉になっていくと考えられる。

3-3　テレワークを用いた知識創造

3-3-1　テレワークと知識の共有化

　テレワークのように，日頃メンバーがお互いにあまり顔を合わさず業務を行なっている業務形態において斬新な知識創造をしていく場合，SECIモデルの全ての段階で電子メールなどのインターネット上のコミュニケーションツールを用いても，あまり良い結果を期待できない。定常的にテレワークを用いて業務を行なう場合でも，SECIモデルの各段階の特徴を十分に考慮した上で，リッチなメディアが必要な場合はフェース・トゥ・フェースのコミュニケーションを中心として用い，プアなメディアで十分な場合はテレワークに特化するなど，適正なメディアを選択する必要がある。

　では，テレワークのようにインターネット上でコミュニケーションツールを主に用いて，知識（特に形式知）の伝達や交換，統合を行なう場合，果たしてそれが期待通りの成果をあげられるのであろうか。Gallupe et al.[33]の研究では，電子メディアを用いたブレーンストーミングの方が，フェース・トゥ・フェースの会話によるブレーンストーミングよりも冗長的でないアイデアが出てくるという点でまさっていた。ただし，電子メディアへ入力されたアイデアが，遅れることなく即時的に他のメンバーに表示されることがその優位性の条件であった。電子メディアを用いても，表示における遅れは，結果的に，フェース・トゥ・フェースの場合と同様のブロッキング現象を引き起こし，そしてプロセスが複雑化し，アイデア創出にマイナスの影響を及ぼす忘却や欲求不満につながっていく。即ち，テレワークのような電子メディアを用いてブレーンストーミングを行なう場合，その成功の鍵は即時性や同時性にあるのである。ただ実際には，常に同時にインターネットを用いてコミュニケーションを行なうことが必須であるとは考えられないので，電子メディアを用いたコミュニケーションを行なう際には，議論する内容に加えて，議論の方法や手順

についてのルールを事前にしっかり定める必要があるだろう。

　テレワークを用いて斬新な知識創造を目指す場合，異質な暗黙知や形式知をもった個人が，様々な場所に偏在しているので，当然，共有知識だけでなく非共有知識も分散して存在する。一般的に，グループのメンバーが多くなるほど，非共有知識よりも共有知識の方がより集中的に議論される傾向がある[34]。それゆえ，斬新な知識創造のためには，意識的に非共有情報に目を向けさせ，その内容について議論する必要がある。もし偏在する知識が共有されないまま放置されると，組織内での学習を阻害し，知識創造に対する大きなマイナス要因として作用し，最終的に新たな問題解決に挑戦する組織能力を欠いてしまうことになる[35]。

　知識の共有化を促す際に重要なのは，テレワークメンバー内でどのような知識が共有されているかということと，誰がどのような内容の知識をもっているかに関する共有知識である[36]。知識がたとえ偏在していたとしても，非共有情報が存在しているということを人々が知ることによって，コミュニケーションや情報共有の重要性を強調するインパクトになるのである[37]。ドレイファス[38]は，関連性の理解のためには，常識理解が必要であり，そして常識理解のためには，世界と身体の間の網の目のような関係を体感することが必要だと説いている。つまり，斬新な知識を常日頃から創造しようとしている組織は，自ずとユニークな知識や情報を積極的に獲得し，その目的を果たそうとするのである。

　以上のように，偏在する知識を統合して新たな形式知を作り出そうとする場合，テレワークを用いたコミュニケーションは有効な手段の1つとして考えられる。しかし，より質の高い意思決定を行なうためには，上述のようにテレワークに適した知識創造過程を見極め，共有情報に加えて非共有情報にも目を向けるなど，いくつかの条件を考慮する必要があるのである。

3-3-2　テレワーカーとその管理

　新たな知識創造を目指す業務に携わっている人々は，当然のように高度な判

断力と独創力を日々示すことを期待されている。そしてこの業務の成果については，事前に詳細を決めておくことはできない。このような業務上の性格から，彼らは一般のワーカーと比べて，より高い信頼を寄せられる傾向があるため，比較的緩い監督の下，規制にあまり縛られない環境で業務を行なうことができる[39]。また馬場[40]は，従来と異なる新しい発想は，個人の主体的で自由な活動に依存しており，上司の命令や慣習による活動からは，個人の創造性の発揮はなく，企業全体の価値創造能力も低下してしまうと述べている。それゆえ，個々のメンバーが比較的自由に行動できるテレワークは知識創造を行なう上で有効な業務形態の1つとして考えられるわけである。そうはいっても，各テレワーカーに業務を全ておまかせにしてしまうと，必ずしも革新的で創造的な結果を得ることはできないだろう。そのため，テレワークにおいても知識創造をする上で適切な管理が必要となるのである。

　より斬新で独創的な知識創造をするためには，各ワーカーが多様な専門知識をもっている方が良いというのは前述した通りである。しかし，その多様性が統合されずにバラバラのままであったり，少数派の意見や知識がほとんど考慮されないならば，より良い成果を導くとは考えられない。そのような状況を避けるために必要なのが，「共有された将来ビジョン」や「仕事の進め方に関する共通理解」などである。どのような組織形態であれ，そこに集うメンバーが勝手に各自の知識を主張しているだけでは，今までにない斬新な知識を次々に生み出すことはできないだろう。Hinds & Weisband[41]は，目標や業務プロセスに関しての共通理解がワーカー間に存在すれば，彼らは成功に貢献する行動に目を向け，動機づけられ，最終的に企業業績が向上すると主張している。組織内に散在する知識の内容が多様であればあるほど，トップが示した統一的なビジョンに従って，組織を一定方向へ導かなければ，新たな知識を創造することはできない。共有ビジョンは，組織における学習のための集中力やエネルギーの源なのである[42]。特に，テレワーカーは物理的に離れていることが多いので，共有ビジョンに基づいて個々のワーカーがもっている暗黙知を積極的に形式知に転換し，顕在化させ，その形式知に各ワーカーがアクセスしやすい

ような環境を整備する必要があるのである[43]。

　共有された将来ビジョンやそれぞれのワーカーの専門知識などが，フェース・トゥ・フェースのコミュニケーションによって確認されて初めて，テレワークが始動することになる。その際，誰が業務執行上のリーダーシップをとるのかについては，お互いの確認が必要となる。フクヤマ[44]によると，コミュニティーは，一般的に倫理的な規範に基づいた信頼によって成り立っている。しかし，このような暗黙の倫理規範だけで組織をコントロールできるなどとは誰も思っていないのである。その補完としても，ヒエラルキーによるコントロールが必要になる。そして，組織が動き出した後に必要になってくるのが，組織プロセスのオープン性である[45]。様々な情報の流れや人々の評価方法，報酬制度などがオープンになっていれば，ワーカー同士の対応や顧客に対する対応，相互依存性，対応の首尾一貫性，反応などにズレが生じなくなる。その結果，ワーカー間の信頼だけでなく，ワーカーの企業全体に対する信頼も，次第に強いものになっていくのである。

　組織における意思決定において，その成果に対してマイナスに作用する問題をThompson[46]は4つ挙げている。即ち，組織やグループの中に入ってしまうとあえて働こうとしない「社会的怠慢（social loafing）」，他人に同調するばかりで自らはアイデアを出さない「調和（conformity）」，他人が意見を述べている間，自分の発言や思考が抑制される「思考抑制（production blocking）」，そして容易に達成可能なところに目標を設定する「下位目標設定（downward norm setting）」である。思考抑制の問題については，電子メディアを有効かつ適切に利用することによって，解決できるという研究結果がある[47]。その他の問題に関しては，リーダーが，問題の兆候が現れていないか常にチェックしておく必要があるだろう。テレワークでは，直接各ワーカーを管理・監督する機会が少ないので，リーダーは通常より早い段階で，問題発生の有無を確認する必要がある。

　さらに，テレワークにおいてリーダーは組織の境界や各ワーカーのアクセス条件なども管理する必要がある。より多くの人々がネットワーク上で自由にコ

ミュニケーションを行ない，お互いの知識情報を交換することで，人的，社会的，知的資本が増大すると説く者もいる[48]。しかし，企業がテレワークによって斬新かつ独創的な知識を創造し，それを新事業・新製品開発へつなげていくには，ワーカーの行動を適切に管理する必要があると筆者は考えている。それゆえリーダーは，業務の方向性をテレワークメンバーに明確に示し，形式知の結合が効率的に行なわれるようワーカーの業務状況を常に注視しておく必要があるだろう。

3-4　テレワークとワーカーの信頼関係

3-4-1　テレワークと人々の心理

　テレワークを用いる業務においてワーカーを統制・管理する場合，成功の鍵を握るのはワーカー間の信頼関係である。ただ，テレワークは，ワーカー同士が時間と空間を必ずしも共有しないという点やインターネットの各種コミュニケーションツールを用いて情報や知識のやり取りを行なう点で，従来型の業務システムとは異なっているので，行動に際してのワーカーの心理状況も異なると考えられる。本節では，人々がインターネットを利用する際の心理状況について述べていく。

　インターネット上でコミュニケーションを行なう場合，まず相手に対する印象形成が違ったものとなる。通常のフェース・トゥ・フェースのコミュニケーションでは，瞬く間に相手の印象が形成されるのであるが，ネット上での相手に対する印象形成の過程は，用いているコミュニケーションツールや伝えられる内容によって，大きく変化する[49]。例えば，電子メールのような文章中心のメディアであれば，表現方法などによって伝えたい内容が100％伝わらず，誤った印象を与えてしまうこともあるだろう。それを補完する形で存在している映像つきのチャットやTV会議であっても，筆者の経験上，フェース・トゥ・フェースの会話や会議での雰囲気は十分に伝わらず，全く同等のメディ

アとは考えられない。メンバー間の印象形成がうまくいかないと，お互いの不信感につながり，信頼関係を築けないということにもなりかねないのである。

また，日本の文化が個人主義の傾向へ次第に移行しているとはいえ，依然としてハイコンテクストの集団中心文化である。集団中心の文化では，内集団への個々人の肩入れ具合が大きい[50]。日本では，組織メンバー間での一体感を基礎として，形にそった協調行動や効率性を人々は求めている。そのため，メンバー間での社会的コンテクストの共有が強く求められる[51]。そしてそのような文化におけるフェース・トゥ・フェースのコミュニケーションは，尊厳や恥じらい，義務のような他の概念と密接に結びつく心理的要因なのである[52]。集団中心の文化では，内集団における同調が重要で，同調したくない者には多大な制裁が加えられる。逆に，内集団の凝集性が高まる時，集団は最大の力を発揮できるのである[53]。それゆえ，日本企業では定期的な顔見せやフェース・トゥ・フェースの議論が凝集性を高め，信頼性を構築していく上でそれが必要になるのである。テレワークを行なう場合には，リーダーも各ワーカーもこのことを特に意識する必要があるだろう。

3-4-2 信頼の重要性と信頼関係の構築

一般に組織活動において，メンバー間の信頼が重要であるのは，公式的なコントロールシステムではチェックできないところを，この信頼が支えると考えられるからである[54]。テレワークでは，個々人の業務の進め方は基本的に各ワーカーの自由裁量に委ねられている。とはいえ，自律的に仕事を行なったり，機密性の高い内容をインターネット上で扱うこともあるため，各ワーカーの行動は，通常以上，ワーカー各々の責任が問われることになる。ワーカー同士がフェース・トゥ・フェースでコミュニケーションを行なう機会が少ないので，自己責任をもった行動を行なわないと，ワーカー間の信頼関係を構築することができず，疑心暗鬼が生じてしまう。そのような状況になれば，効率的な知識の交換や統合が行なわれなかったり，たとえ行なわれたとしても，斬新な知識創造へ結びつくとは思えない。そういう意味で，テレワークを行なう場合

には，より強い信頼関係が必要になる。

　フクヤマ[55]は，コンピュータ・ネットワークがより効率的に作用するためには，その土台として，ネットワークメンバー間に高度の信頼とそれを成り立たせる共通の倫理的な行動規範が存在しなければならないとしている。またダフト[56]によると，あいまいさや不確実性が高い時には，企業文化やメンバー間の価値観の共有，信頼によって人々の行動をコントロールする，仲間的コントロールが適していると述べている。筆者は，前述したように，テレワークはSECIモデルにおける連結化の過程に最も適していると考えている。その過程では，不確実性を縮小して，解を明確にすることを主目的としているのだが，まだまだ不確実なことやあいまいなことが多く含まれている。それゆえ，ダフトの主張する仲間的コントロールが適しているのである。また，Gruenfeld et al.[57]は，組織メンバーに親密性があり，情報の多様性が高い場合，メンバー間の信頼が意思決定により良い成果を導くだろうと主張している。TV会議などの議論が始まった頃，しばしばその技術的要因や各種コミュニケーションツールの使用ばかりが強調されたことがあった[58]。しかし，テレワークが成果を発揮するためには，技術的要因はそれほど重要ではなく，その発展のあらゆる段階で信頼を築くことにより多くの注意を払うことの方が重要である[59]。

　Floyd & Wooldrige[60]によれば，信頼には次の3つのレベルが存在する。即ち，計算に基づく信頼（Calculus-based Trust），知識に基づく信頼（Knowledge-based Trust），帰属意識に基づく信頼（Identification-based Trust）である。この3つの信頼には段階があり，計算に基づく信頼が最も弱いレベルであり，知識に基づく信頼，帰属意識に基づく信頼の順に強い水準のものとなっている。帰属意識に基づく信頼は，戦略のリニューアルの際に必要とされ，この信頼感がある組織では，人々は共有された信念に立脚した自律的行動によって組織目標を達成しようとする。テレワークでは，各ワーカーはそれぞれ自律的に行動するので，帰属意識に基づく信頼がワーカー間で成立していなければならないのである。Floyd & Wooldrigeの主張では，組織の長い歴史の中で，信頼は弱いレベルから強いレベルへ進化する。テレワークは，従来の業務システムと比

べて，管理体制が確立していなかったり，従事しているワーカーが流動的であったりするため，それほど長い歴史を経験できていない。それゆえ，強い信頼関係がメンバー間で成立しないのではないかという懸念もあるだろう。しかし，そういう状況であるからこそ，信頼の構築に影響を与える要因を考慮して，強い信頼関係が醸成されやすい雰囲気を組織内に広げていけば，時間の短さをある程度は補えると考えられる。またそういう雰囲気を故意にでも作っていかなければ，テレワークの成功の鍵を握る強い信頼関係を生み出せないだろう。

それではテレワークを行なう際に，その統制の礎となる信頼関係を構築していくにはどうすればよいだろうか。フォン・クロー他[61]によると，知識創造で最も重要なことは組織内で成立する人間関係である。日本人の場合，「個人」同士の合理的選好に頼った信頼形態ではなく，相手の言動を肌で感じる形でその人を信じ，そのことによって，人間関係の安定的継続をはかる信頼形態をとることが多い[62]。それゆえ，まず良好な人間関係を構築できるようなテレワーカーの選考を慎重に行なう必要がある。さらに，テレワーカーに選考する際，待遇制度が公正に適用されていると感じているワーカーを選ぶことが，組織が有効に機能するための前提条件ともいわれている[63]。

また，企業レベルでの新知識の創造を目指し，各自の暗黙知を形式知化し，その形式知を連結化することを主目的とする場合，同じ目的志向をもった組織凝集性の高いメンバーでテレワークを実施するのがいいと思われる。ドレイファス[64]によると，我々は知覚世界の現前と現実性に対する身体化された信頼をもっていて，それを背景にしてのみ特定の知覚経験の現実性を疑うことができる。サイバースペースの中で，もしこのような背景的信頼がなければ，あらゆる社会的な相互作用の信頼性が失われてしまうと主張している。つまり，テレワークを実施する際，事前に背景的信頼のあるワーカーを選考しなければ，組織や業務システムは全く機能しなくなるのである。

適切な人材を選考した後，いくら技術的に当初から時間と空間を考慮せず業務を行なえるとしても，テレワークの開始時に全てのワーカーが顔を合わせ，

組織におけるビジョンや方向性を明確にし，それをワーカー間に浸透させる必要がある。フォン・オイテンガーとハンセン[65]は，バーチャル組織をうまく機能させるには，フェース・トゥ・フェースのコミュニケーションを通してあらかじめ十分に信頼関係を築いておくことが不可欠だと述べている。また濱口[66]によれば，日本企業では，ネットワークはそれぞれの個体ではなく，人間の関係体を拠点として構築される。日本人は自我が不確実であるという心理的特性をもっているので，他のメンバーとの関係をも含めた相互作用の下で，組織を構成するのである。それゆえ，日本人は対面的な人間関係を好み，集団主義的傾向を生じさせるのである[67]。このような特徴があるが故に，日本企業がテレワークで知識創造業務をしようとする場合には，業務が具体的に進む前に，ワーカー同士が顔を合わせ，お互いの人間関係について十分に認識しておく必要がある。ワーカー間に競合関係がないというのも重要な要因である。これらをおろそかにすると，より高いレベルの信頼関係を達成する方向へはつながっていかないだろう。

　ワーカー間にある程度の信頼関係が構築された上で，テレワークによる組織創造業務が始まれば，業務が進行するにつれて，ワーカー間のさらなる親密性が進み，お互いの専門知識についての認知も高まることになる。時には，テレワークのようなバーチャルな環境では十分に確認できない内容が現われたり，誤解なども生じるだろう。その場合は，何もバーチャルな環境に固執する必要はなく，必要に応じてフェース・トゥ・フェースのコミュニケーションで情報や知識のギャップを埋めればよいのである。古川[68]によると，知的資本や知的資産の生成は，チーム内の「対人交流的記憶」と密接に関連しており，それは一定の時間経過を前提としている。ある程度文化的背景の等しいワーカーを集め，それぞれの専門性や立場などを確認し，バーチャル環境におけるコミュニケーションとフェース・トゥ・フェースによるコミュニケーションをダイナミックに用いながら，斬新な知識の創造を目指すことで，ワーカー間の親密性が一層強まり，その過程で組織の礎となる信頼関係もより高いレベルへ移行していくのである。ある程度の時間はかかるであろうが，これがうまくいけば，

他社にまねのできない知識がより多く創造されることになるだろう。

3-4-3　テレワークと組織リーダーの役割

　テレワークによって業務を行なっていく場合，各ワーカー間の信頼関係がより良い成果を導き出す礎となる。それゆえ，バラバラになりがちな組織をまとめ，リーダーシップを発揮できるリーダーの存在は重要である。本節では，テレワーク業務を行なう組織のリーダーの役割を全企業レベルにおけるミドルマネジメント（中間管理職）の観点から見ていくことにする。

　フォン・クロー他[69]によれば，SECIモデルを機能させるためには，知識創造を促すマネジメント，組織構造，システム，人材，そしてそれぞれが一体になって形成されてくる文化の整備を同時進行的に行なわなければならない。知識創造の重要性を説き，その大まかな方向性，組織構造など全企業レベルの方針や枠組みを意思決定するのは，トップマネジメントの役割である。そして，その大まかに示された方針に従って，具体的に人々の知識（暗黙知）を顕在化させ，それを統合して企業レベルの形式知に変換して，全社的な利用を促していくのは，トップではなくミドルなのである。

　ミドルマネジメントは，トップマネジメントの示す将来構想ビジョンを理解し，それを組織メンバーに理解・浸透させる一方で，そのビジョンの実現のために，組織メンバーの諸活動を統括する[70]。当然，知識創造もこの諸活動の一環である。このような過程において，各組織メンバーが他のメンバーの意見に耳を傾けるようになり，メンバー間で共感を得るようになり，それに価値を見出してくる[71]。そして，トップの考え方が次第に組織全体に浸透していくのである。テレワーカーが増えてくると，従来の組織形態と比べて，組織メンバーが同じ空間で業務を行なう機会が少なくなるので，将来ビジョンなどを共有していくのが難しくなる場合も多い。だからこそ，テレワーク業務ではミドルとしての役割を果たすリーダーがより一層重要になるのである。

　多様なワーカーの意見や知識を統一的なものへと結実させていけるのは，トップの考えを十分に理解でき，ワーカーの間にその考えを浸透させていく能

力のあるミドルマネジメントである。つまり，将来ビジョンの提示と浸透に関して，トップとミドルの役割上の連携があってこそ，SECIモデルが機能することになる。それゆえ，企業レベルのミドルマネジメントが，テレワーク業務において率先してリーダーシップを発揮する必要がある。テレワークによって顔を合わす機会が少なくなった各ワーカーにトップの意向を伝え，浸透させ，その共有ビジョンに従って，斬新な知識の創造へとワーカーを動かしていく役割を担っているのがリーダーなのである。そして新事業・新製品開発に結びつく知識を創造していくためには，画一性を基礎にした協力体制を構築するのではなく，多様性が多く見られる中で，統一性を実現しうる体制も必要となる[72]。働く場所にとらわれないテレワークを用いると，より柔軟に多様な人材を登用することができると考えられる。

またミドルマネジメントは，組織内におけるエキスパートの存在やワーカー各々の役割・専門知識についての情報を積極的に他のワーカーに知らせるよう努力する必要がある。組織メンバーに対して各自の組織における役割や専門知識を示すことによって，他のメンバーの専門知識についてより深く認識するようになり，議論に際して言及される非共有情報や少数派の意見の量を増大させる。その結果，当該組織でより優れた意思決定をする可能性が増大するのである[73]。各ワーカーがそれぞれの役割や知識について，適切にそして誰もがわかる形で伝えていくのは易しいことではない。それゆえ，ミドルマネジメントが統一的なフォーマットで各ワーカーにそれぞれの役割や知識について情報を流すことは，知識の共有を促す上で，重要な役割なのである。

さらにミドルマネジメントは，自分の担当領域で知識を取りまとめること以外に，他の部署や他のミドルマネジメントと緊密な連絡を取り合うという役割も担っている。つまり，ミドルはトップの戦略方針を部下に伝え，その反応を聞くという垂直方向のコミュニケーションだけではなく，他の部署との水平方向のコミュニケーションにも力を入れなければならない。これによって自部門内での知識の囲い込みを抑制し，企業内での情報の新結合を推進するのである。フォン・オイテンガーとハンセン[74]は，優れたマネジャーの役割として

他のビジネスユニットとのギブ・アンド・テイクの関係をうまく築くことを挙げている。実際，十川他の調査[75]によると，新事業・新製品開発を行なう際に，異なった部門間の情報交流や協力の程度が強い企業では，新事業・新製品開発，製造技術開発の程度と強い相関関係があった。

　テレワークでは，従来の業務形態よりもワーカー間の接触が少なく，文章中心のコミュニケーションが多くなるため，感情の欠けたやり取りになることが多い。そのため，ワーカーの中には孤立感に悩む者も出てくるというデメリットもある。また，ワーカーのもつ情報に齟齬が生じ，それが問題に発展することもあるだろう。テレワークを行なう組織のリーダーはこのような状況が起こらないように，各ワーカーの言動や動向に常に注目し，状況に応じて適切なコミュニケーションツールを使い分け，定期的にフェース・トゥ・フェースの打ち合わせなどを開けばよい。ミドルは，その過程において，必要なワーカーを計画設定や意思決定に参画させ，ビジョンの共有や信頼感の醸成を図るというコーディネーター的な役割をも担っているのである。

　そして，テレワークを行なっている組織のリーダーは，当該組織内で知識の連結を図る一方で，同一企業内の他部署と密接な関係を保ち，必要であれば，新たな知識や情報をもたらすことが求められる。またある程度でき上がった新知識を具体的な新製品の形へとしていくために，積極的に他部署へ公表していくことも推進する必要がある。これはまさに上述したミドルの役割に他ならない。この意味では，彼らは組織にとってプロダクトチャンピオンやゲートキーパーとしての役割をも果たすことになるのである。

　テレワークを用いて斬新な知識創造をし，それを全社的な新事業・新製品開発につなげていくためには，ワーカーのもつ知識を統合し，組織レベルの形式知に変更し，それを再び内面化して共有された暗黙知としていかなければならない[76]。そのために，当該組織のリーダーは，その組織内でワーカーの知識を統合するという役割と他の部署で作られた知識を各ワーカーへ伝達したり，また他の部署へ新たな知識を積極的に伝達していくという役割を同時に果たさなければならないのである。新たなことを行なおうとするプロセスにおいて，

人間の精神はある面では非常に柔軟性に富み，驚くほどの飛躍をすることもあるが，それと同時に，非常に些細なことや過去の伝統などに固執することもある[77]。このような状況が当該組織内だけでなく，全企業レベルでも常に起こるので，その状況にフレキシブルに対応できるミドルマネジメントを養成し，彼らを，テレワークを用いて知識創造業務を行なう組織のリーダーとして配置していくことが斬新な知識創造をするためには，必要になるだろう。

3-5　まとめ

　本章では，新事業・新製品開発の源泉としての斬新な知識を創造するための1つの手段としてテレワークを論じてきた。近年のICTの発達やインターネット上の各種コミュニケーションツールの充実によって，専門知識をもった人々が従来のように時間と空間を共有することなくテレワークによって知識創造業務に携わることが可能になった。ただ，実際テレワークを用いて知識創造業務を行なっている企業はほとんどないと思われる。また，知識創造過程のあらゆる段階にテレワークを用いても，十分な効果を得ることはできないだろう。SECIモデルでは，個人のもつ暗黙知が形式知へ転換され，組織全体に共有可能となる過程が示されているが，その中の連結化過程においてテレワークは有用な手段となるだろうと述べた。

　また，テレワークでは，通常，それぞれ各ワーカーの都合の良い時間と空間で業務が行なわれるので，お互いの状況がわからなかったり，連携不足になったり，それがコンフリクトへ結びつくという問題も多い。その原因を人々の心理的な観点から考察し，問題発生を最小限に食い止めるためには，テレワーカー間の信頼関係を確立する必要があると説いた。その方法として，テレワークを開始する際に，まず全てのワーカーメンバーが集まり，企業のビジョンや組織の目的，各ワーカーの専門領域などをフェース・トゥ・フェースで確認・共有した上で，各自の業務に取り掛かること，そして業務を行なっていく上で，考え方のギャップが生じる場合には，できるだけ早くそのギャップの修正

を行なう必要性を示唆した。このような過程で，ワーカー間の信頼関係はより高いレベルへと移行するのである。

　また，ワーカー間の信頼関係を醸成する基盤作りを推進する役割を担う者として，テレワークを用いる組織のリーダーを挙げている。この役割の他に，リーダーは組織内の多様な知識を統合し，それを他の部署へ積極的に公開していくという役割と，組織外に新たな情報や知識のソースが存在しないかを検索し，もしある場合には，それを当該組織へもち帰るという役割を担っている。そういう意味では，このような役割を果たすミドルマネジメントを，テレワーク業務のリーダーとするのが望ましいだろう。

　テレワークを用いた知識創造を語る際，どうしてもその技術面のみが強調されすぎたり，それによって，人々の結びつきの多様性を広げれば，自然とSECIモデルが好循環するという議論が多い。フォン・クロー他[78]によると，知識創造のための場ががどのような形であっても，その場を準備するだけでは知識創造はなされない。人々の相互信頼がその根底になければならないのである。今後，ICTはますます発展するだろうし，それを知識創造業務により一層利用しようとする動きも出てくるだろう。その際，技術や機械，コンピュータシステムだけを重視した観点だけで考えるのではなく，それらと組織内の人々を正しく組合せ，人々の信頼関係に基づいて，両者の関係を構築していくことで，斬新な知識が生まれることになるのである。知識創造業務に携わるテレワーカーはこのことを十分に認識する必要があるだろう。

（1）清水龍瑩［1999］p.168。
（2）バーニー［2003］pp. 251-271。
（3）ハメル［2001］p.46。
（4）明石芳彦［2002］p.212。
（5）慶應戦略経営研究グループ［2002］pp.23-24。
（6）Rothwell et al.［2000］pp.173-182.
（7）Rothwell et al.［2000］pp.182-187，ライシュ［2002］pp.187-191。
（8）フォン・クロー他［2001］p.127，守島基博［2001］p.41。
（9）フェファー［1998］pp.314-322。

(10) 十川廣國他［2002］pp.151-152。
(11) ダフト［2002］p.82。
(12) 例えば,『平成26年版情報通信白書』によれば,日本企業のインターネット利用率は,平成25年末で99.9％に達している。また,インターネットの人口普及率は82.8％となっている。総務省（編）［平成26年版］p.203 & p.337。
(13) ウォレス［2001］p.105。
(14) ダフト［2002］p.186。
(15) ダフト［2002］p.259。
(16) 野中郁次郎［1990］pp.56-57。野中郁次郎・竹内弘高［1996］pp.91-105。
(17) 野中郁次郎・竹内弘高［1996］pp.91-105。彼らはこのモデルをSECIモデルと称している。
(18) 古川靖洋［2002a］p.32-37。
(19) ドレイファス［2002］p.90。
(20) 野中郁次郎・竹内弘高［1996］pp.92-95。
(21) 小橋勉［2002］p.50。
(22) Willams & Yang［1999］p.375. Tagger［2002］pp.325-327.
(23) Probst & Büchel［1997］pp.55-56.
(24) 小橋勉［2002］p.45。
(25) 近能善範［2002］pp.11-13。近能によれば,冗長性のないネットワークとは弱い紐帯 and/or 疎なネットワークのことで,結合の強いネットワークとは強い紐帯 and/or 密なネットワークのことである。
(26) Straus & McGrath［1994］pp.93-94.
(27) Daft & Lengel［1986］p.555.
(28) 野中郁次郎・竹内弘高［1996］pp.100-102。
(29) 小橋勉［2002］p.45。
(30) Daft & Lengel［1986］p.560.
(31) バートン＝ジョーンズ［2001］p.34。
(32) 彼らは,この役割をこの役割をナレッジ・イネーブラーと定義し,他に以下の4つを挙げている。（1）ワーカー間の会話のマネジメント,（2）ナレッジ・アクティビストの動員,（3）適切な知識の場作り,（4）ローカル・ナレッジのグローバル化。フォン・クロー他［2001］p.7。
(33) Gallupe et al.［1994］pp.80-81.
(34) Stasser［1992］p.54.
(35) 十川廣國［2002］p.41。
(36) Stasser et al.［1995］pp.246-247.
(37) Stasser［1992］p.62.
(38) ドレイファス［2002］p.33。

(39) フクヤマ［1996］p.331。
(40) 馬場杉夫［2001］p.62。
(41) Hinds & Weisband［2003］p.22.
(42) 十川廣國［2002］p.110。
(43) Lipnack & Stamps［2000］p.84.
(44) フクヤマ［1996］pp.61-63。
(45) 十川廣國［2002］p.17。
(46) Thompson［2003］p.100.
(47) 例えば，Lam & Schaubroeck［2000］，McLeod *et al.*［1998］など。
(48) 例えば，Lipnack & Stamps［2000］p.84，丸田 一［2001］。
(49) ウォレス［2001］p.40。
(50) マツモト・工藤力［1996］p.163。
(51) 佐藤和［2002］p.119。
(52) Ting-Toomey［1988］p.228.
(53) マツモト・工藤力［1996］p.163。
(54) 佐藤和［2002］p.125。
(55) フクヤマ［1996］p.29。
(56) ダフト［2002］p.186。
(57) Gruenfeld *et al.*［1996］p.12.
(58) 例えば，沖塩荘一郎他［1996］pp.11-24。
(59) 古川靖洋［2002b］pp.36-38, Handy［1995］p.44。
(60) Floyd & Wooldridge［2000］pp.98-103. ここでいう「計算に基づく信頼」とは，あることをしないことの結果を恐れるために，個人はある行動をするだろうという抑止力に関連した信頼である。「知識に基づく信頼」とは，個人の行動は彼らの過去の行動について知っていることから予測できるという推測可能性に関連した信頼である。そして，「帰属意識に基づく信頼」とは，人々がニーズや選択，嗜好を共有していることから，個人の行動が予測できるという，信念の共有に関連した信頼である。
(61) フォン・クロー他［2001］p.iii。
(62) 濱口惠俊［1996］p. 6 。彼はこの関係を「間人主義」といっている。
(63) 古川久敬［2003］p.300，コリンズ［2001］pp.66-67。
(64) ドレイファス［2002］p.93。
(65) フォン・オイテンガー＆ハンセン［2001］p.64-73。
(66) 濱口惠俊［1996］pp.59-70。
(67) 下崎千代子［2001］pp.6-7。
(68) 古川久敬［2003］p.311。
(69) フォン・クロー他［2001］pp.ii-iii。
(70) 十川廣國［2002］p.44。

(71) フォン・クロー他［2001］pp.108-109。
(72) 十川廣國［2002］p. 7 。
(73) Stasser *et al.*［1995］pp.257-259.
(74) フォン・オイテンガー＆ハンセン［2001］p.64-73。彼らは，このようなマネジャーをＴ型マネジャーと呼び，伝統的なヒエラルキーにとらわれずに自由に知を共有すると同時に，自分のビジネスユニットの業績を高めるために腐心する人々だと述べている。そして，優れたＴ型マネジャーは，他のビジネスユニットにアドバイスを提供するだけでなく，与えられることにも長けている。
(75) 十川廣國他［2002］pp.149-150。
(76) フォン・クロー他［2001］p.404。
(77) レオナルド［2001］p.312。
(78) フォン・クロー他［2001］p.84。

第4章　テレワークに関する懸念と効果

　日本では情報通信関連のインフラが整っているにもかかわらずテレワークを導入する企業数が伸びていない。その理由として，人々のテレワークに関する懸念によるところが大きいと考えられる。具体的には，テレワーク環境の整備などのICT投資が企業業績や生産性の向上につながらないとか，テレワークを利用する上での制度やルールが整備されていないとか，テレワーカーを管理するのが難しいなどがこれにあたる。しかし，このような状況や因果関係が実際に調査されたり，分析されることは今まであまり行なわれてこなかった。多くの企業は，憶測だけでリスクを考え，テレワークの導入の可否を判断してしまっているのである。

　本章では，企業レベルでのアンケート調査に基づいて，テレワークを導入・実施する上で考えられる懸念やテレワークに期待される効果を示した後に，テレワークの実施状況とその効果との因果関係などを明らかにしていきたい。そして，その結果に基づいて，テレワークを成功に導く要因について考えていきたい。

4-1　テレワークに対する懸念と期待される効果

　日本ではマクロレベルにおけるICTの基盤整備が進んでいるにもかかわらず，なぜテレワークを導入する企業数が伸びないのであろうか。Illegems & Verbeke[1]は，テレワーク導入の最も大きな障壁は，雇用主や雇用者それぞれのグループが実践の適用を選ぶか否かであると述べている。日本では，まだ雇用者がテレワークを自ら選べるほど制度が整備されたり，普及していないので，経営者のテレワークに対する理解不足がまず阻害要因として考えられる。テレワークがもたらす成果には，様々なものがあるが，経営者はやはり財務業

績の向上を最も期待している。

　企業におけるインターネットの整備や利用は，前述の通り盛んであるものの，テレワークを導入するとなれば，さらなるICTへの投資が必要となる。ICTへの投資が財務成果の向上へ直接結びつかないことが，まず経営者レベルにおいては懸念材料となるだろう。Powell & Dent-Micallef[2]は，ICT投資を財務業績の向上へ結びつけるためには，CEOのコミットメントやコミュニケーションの活性化，企業目標に対するコミットメントの形成など人間にかかわる補完資源が必要であると述べている。筆者は，ICTへの投資によってICT環境が整備されれば，それが人々のコミュニケーションや情報交換を促し，長期的に財務業績の向上へ結びついていくと考えている[3]。このように，テレワークなどのICT投資と財務業績との結びつきについて，経営者クラスがその長期的な因果関係を十分に理解すれば，テレワークの普及に貢献するだろう。

　また，テレワークに対する中間管理職の理解不足も，テレワークを導入する上での阻害要因になることが多い。例えば下崎[4]は，従来からの終身雇用制や年功序列を基盤とする日本型人事システムでは，対面的な人間関係が重視されるため，フェース・トゥ・フェースでの対応の機会が減少するテレワークのような働き方は，どうしても敬遠されてしまうと述べている。Verbeke *et al.*[5]は，他のメンバーとのスケジュール調整や昇進の機会の減少，インフォーマルトレーニングの機会の減少などをテレワークのネガティブ・インパクトとして挙げている。このように中間管理職たちは，フォーマルであれインフォーマルであれ，部下を直接管理したり，指導・助言する機会が減少し，評価が難しくなることを懸念しているのである。そして，変革に対する中間管理職たちの強い抵抗感も阻害要因となる。ミドルによる上下・左右の双方向のコミュニケーション活動は，創造的組織学習を実践する上で非常に重要なのである[6]が，実際に彼らは，保守的であまり大きな変革に携わろうとしない。なぜなら，彼らは組織内における社会的関係や，既存の知識体系・価値体系の中で培われた優位性を保ちたいと思っているからである[7]。テレワークのような管理方法や評

価方法の根幹を変えるような制度の導入は，彼らの優位性にダメージを与える可能性が高いため，なかなかそれらを正確に理解しようとしないのである。テレワークを積極的に導入し，普及させていくためには，経営者だけではなく中間管理職たちの理解不足を払拭しなければならないだろう。

以上述べてきたことから，以下の仮説を設定することとする。

仮説 4-1 a：テレワークに対する経営者の理解不足の程度が低いほど，テレワーク実施上の課題は少なくなる。

仮説 4-1 b：テレワークに対する中間管理職の理解不足の程度が低いほど，テレワーク実施上の課題は少なくなる。

次に，テレワークを導入した場合，メンバー間のコミュニケーション不足が生じるのではないかという懸念がある。従来の業務活動において，基本的には顔を合わせる状況にあった者が，程度の差こそあれ，オフィスから姿を消すわけであるから，フェース・トゥ・フェースのコミュニケーションの機会が減少するのは当然である。特に，日本のような高コンテクストな文化をもつ国では，人々は多大なコンテクスト情報を含みうるコミュニケーションを好むといわれている[8]。ここでいう高コンテクストな文化とは，人々が生活上深くかかわり合っていて，簡単なメッセージであっても深い意味をもって人々の間に伝わっていく文化のことである[9]。フェース・トゥ・フェースのコミュニケーションは最も多くのコンテクスト情報を含んでいるのであるが，現在の情報リッチなICTの進展によって，十分に代替可能であると考えられる。このように，テレワークを導入したとしても，コミュニケーションをほぼ現状通りに保持することは，技術的には可能である。コミュニケーションの状況を活発にするか否かは，テレワークを利用する人々の運用上の心構え次第であると考えられる。

古川[10]は，日本のオフィスにおけるコミュニケーション状況とホワイトカラーワーカーのモラールの関係について調査し，フォーマル・インフォーマル

を問わず,コミュニケーションが活発であるほど,ホワイトカラーワーカーのモラールが高いという結果を得ている。高いモラールを維持することができれば,ワーカーは常に創造性を発揮し,それが長期的に企業利潤の向上へつながっていくと考えられる。それゆえ,テレワークを導入した場合でも,コミュニケーションを活発化することができれば,ワーカーのモラール向上につながると考えられる。

以上述べてきたことから,以下の仮説を設定することができる。

仮説4-2:テレワークを導入・実施している企業において,コミュニケーションが活発であるほど,ワーカーのモラールは高い。

また,テレワークを導入した企業には,様々な効果が期待されている。マクロ的には,大気汚染や交通渋滞の緩和が期待されており,企業レベルでは,オフィスコストや人件費の削減などもメリットとして考えられている。Illegems & Verbeke[11]は,柔軟性の改善や生産性の向上,優秀なスタッフの保持,企業イメージの向上などをテレワークから期待される効果として挙げているが,これらはたとえテレワークによってフェース・トゥ・フェースのコミュニケーションの機会が減少したとしても,必要なコミュニケーションが依然として維持されていることが前提となっている。Harrison *et al.*[12]が述べているように,近年の経営管理は決められたタスクの厳密性や階層的に行なわれてるワークプロセスから離れ,高い自律性をもった人々が,自らを動機づけて業務を行なうことを前提としてきている。それを実践するためには,業務上のやり取りが増えなければならないのであるが,テレワークによってそれが阻害されてしまっては意味がない。テレワークから期待される効果を十分に享受するためには,そこでのコミュニケーションが活発でなければならないのである。

以上述べてきたことから,以下の仮説を設定することができる。

仮説4-3:テレワークを導入・実施している企業において,コミュニケー

ションが活発であれば,テレワークから期待される効果は高くなる。

　テレワークを行なう際,従来からのフェース・トゥ・フェースによるコミュニケーションに加えて,インターネットを介したコミュニケーションが不可欠となる。しかし,その際のセキュリティに不安があると考えている人々が多いのも事実である。ネット上で活発なコミュニケーションを行なう場合,メンバー間の信頼関係が確立していることが重要であることはいうまでもないが,それに加えて,セキュリティ・システムの整備と適切な運用はもちろん重要である。Harrison et al.[13]もテレワークのような分散労働実行上の障壁の一つとして,セキュリティを挙げている。セキュリティに不安があると,人々が重要な情報を保持してしまったり,お互いの情報の内容に対して不信感を抱くようになるので,コミュニケーションの不活発へつながると考えられる[14]。日本の情報通信基盤における「安全性」は世界的に見ても高い水準にあるといえるのであるが,そういう状況にありながら,日本における情報通信の利用者はセキュリティ上の不安を感じていることが多いようである。これは日本人の文化的背景や国民性によるものといわれているが,客観的に見て,情報通信における安全性は高いということを人々に啓蒙し,各々の安心感を高めていく必要があるだろう[15]。安心感が広がっていけば,それに従ってインターネットを介したコミュニケーションはさらに活発化すると考えられる。

　また,「セキュリティ・システムの整備・運用状況」と「部門間の情報交換状況」,「円滑な情報流通と意思決定状況」の関係についての調査結果を見てみると,セキュリティが確保されている状況にあるほど,活発な情報交換が行なわれている傾向にあった。特に,日本よりもテレワークの導入がより進んでいるアメリカでその傾向が顕著であった[16]。日本企業では既に一定水準以上のセキュリティ・システムが導入済みであるため,ここで課題となるのは,その適切な運用であろう。

　以上述べてきたことから,以下の仮説を設定することができる。

仮説4-4a：テレワークを導入・実施している企業において，セキュリティルールが適切に運用されているほど，コミュニケーションが活発化する。

仮説4-4b：テレワークを導入・実施している企業において，セキュリティルールの運用に支障があるほど，コミュニケーションが阻害される。

では，実際にテレワークが社内に導入された場合，その導入の程度の差が期待される効果に影響を及ぼすと考えられる。日本におけるテレワークの導入はまだそれほど進んでいない。そのため，テレワークはまだ強制的な労働形態ではなく，自発的な労働形態であるといえる[17]。それゆえ，テレワークを普及させ，そこから成果を得るためには，実施対象ワーカーを全社レベルに広げていって，テレワークを自発的に利用できる機会を増やす必要があるだろう。松尾[18]が述べているように，熟練者を育てるためには「良質な経験」を積ませることが重要なのである。さらに，テレワークのようなICTを有効利用することをよしとする企業文化が存在しなければならない[19]。そのような企業文化を作り上げていくには，長い時間がかかるし，成し遂げるのも難しい[20]。それを達成していくためには，経営者が先頭に立ち，全社的にテレワークのような新たなICTシステムを導入し，長期的にそれを有効利用していくことが重要なのである。その第一歩は，まず社内への導入の程度を上げていくことであろう。

以上述べてきたことから，以下の仮説を設定することができる。

仮説4-5：テレワークを導入・実施している企業において，その実施の程度が高いほど，そこから期待される効果は高くなる。

次節では，以上で設定した仮説をアンケート調査に基づいて検証していきたい。

4-2 アンケート調査に基づく実証分析

4-2-1 テレワークに対する懸念と効果の現状

　それでは，テレワークを実施する上での課題・懸念やテレワークに対して期待される効果について，アンケート調査に基づいてより詳しく見ていくことにする。本章で扱う内容は，（社）日本テレワーク協会が実施した「働き方の柔軟度についてのアンケート調査」の結果の一部である。具体的なアンケートの内容（抜粋）は，巻末の Appendix 1 を参照されたい。

　調査の概要であるが，2008年11月より約1ヶ月間に，東証一部二部上場企業（3,960社）ならびにそれにほぼ規模が一致する未上場企業（1,040社）の計5,000社に対して調査票を送付し，回収したものである。有効回答数は145社であった。

　まず全般的な ICT 化の現状を見ていくと，従業員1人当たり1台もしくはそれ以上の PC が配置されている企業は全体の97.3％で，PC はほとんどの企業で業務上必要なツールとなっている。そして，社内業務に関する各種手続きや申請などをオンライン上で行なっている状況を見てみると，「全てオンライン化されている」と回答した企業は2.8％と少なかったが，49.3％の企業で半数以上の業務がオンライン化されていた。また，情報セキュリティ確保のためのルールの運用状況を見てみると，75.6％の企業が「適切に運用されている」と回答していた。その一方で，ルールの運用上の支障が何らかの形で存在すると回答した企業が83.3％も存在していた。セキュリティを確保する上で有効であるとされているシンクライアントシステムの利用状況について尋ねてみた。シンクライアントシステムとは，企業の情報通信システムにおいて，社員が使うコンピュータに最低限のシステムしかもたせず，サーバー側でアプリケーションソフトやファイルなどの資源を管理するシステムの総称である[21]。その回答であるが，「半数程度以上がシンクライアントである」と回答した企業は

21.1％しか存在せず,「シンクライアントは全くない」と回答した企業が51.9％も存在していた。

このように,業務のオンライン化が進み,それに伴ってセキュリティルールも比較的適切に運用されているようであるが,外部からのアクセスをより安全に推進するシンクライアント環境の導入はあまり進んでいないようである。それを反映したのか,社外からのオフィスサーバーへのアクセス状況を見てみると,「社外でも社内と同様の業務ができる」と回答した企業はわずか6.3％で,「社外からはアクセスできない」と回答した企業は31.3％も存在していた。

次に,オフィス環境の現状について見ていくことにする。まず,フリーアドレスレイアウトの導入についてであるが,「導入していない」と回答した企業が76.9％も存在していた。また,自社の他の事業所などにある立ち寄り型オフィスのような自席以外で仕事を行なえる場所の整備状況を尋ねたところ,「全く整備されていない」と回答した企業が33.1％,「どちらかといえば整備されていない」と回答した企業が75.1％存在していた。

これらの項目間の相関係数を見てみると,セキュリティルールの運用状況とシンクライアント環境の利用状況,業務のオンライン化,社外からのアクセス状況の間の値は表4-1のように有意な相関関係にあった。つまり,セキュリティルールが適切に運用されている企業ほど,業務はオンライン化され,社外からのアクセスも増え,それを支えるシンクライアント環境もより利用されているようである。またセキュリティルールの運用状況と企業内におけるコミュニケーション状況との間の相関係数は,表4-2に示すようにいずれも高い値を示していた。一方,セキュリティルールによる支障と垂直方向のフォーマル・コミュニケーション状況の間には,マイナスの相関関係があった（相関係数は－0.197）。つまり,セキュリティルールの運用が適切に行なわれている企業では,企業内のあらゆるコミュニケーションが活発になり,企業の雰囲気もいわゆるワイワイガヤガヤという活気に満ちた状況になると考えられるが,一方で,セキュリティ確保のために業務に支障が出るようになると,それがコミュニケーションの沈滞化,特に最も重要な垂直方向のフォーマル・コミュニ

表4-1 セキュリティルールの運用状況とICT化状況との相関係数

	シンクライアント環境	業務のオンライン化	社外からのアクセス状況
セキュリティルールの運用状況	0.209	0.321	0.168

相関係数の値はすべて5％の有意水準で統計的に有意である。以下の表および数値についても，特記事項がない場合，同様である。

表4-2 セキュリティルールの運用状況とコミュニケーション状況との相関係数

	垂直方向のフォーマル・コミュニケーション	水平方向のフォーマル・コミュニケーション	垂直方向のインフォーマル・コミュニケーション	水平方向のインフォーマル・コミュニケーション
セキュリティルールの運用状況	0.229	0.222	0.300	0.348

表4-3 オフィス形態とICT化状況との相関係数

	セキュリティルールの運用状況	業務のオンライン化	社外からのアクセス状況
フリーアドレスレイアウトの導入	0.242	0.293	0.349
立ち寄り型オフィスの導入	0.173	0.257	0.284

ケーションの沈滞化につながる傾向にあった。

　また，オフィスにおけるフリーアドレスレイアウトや立ち寄り型オフィスの導入状況と，セキュリティルールの運用状況や業務のオンライン化，社外からのアクセス状況の間の相関係数は**表4-3**に示す通りで，いずれも正の相関関係があった。フリーアドレスレイアウトが即テレワークを意味するわけではないが，社内であれば基本的には従業員の好む場所で業務を行なうことができるので，疑似テレワーク形態と考えられる。立ち寄り型オフィスの導入と併せて考えた場合，このようなテレワーク型の業務を支援する環境を整えていくには，セキュリティルールの適切な運用がその下支えとなり，その結果として業務のオンライン化や社外からのアクセスが促進されるようになると考えられ

る。

　以上見てきたように，日本企業のオフィスでは，ICT環境についてはそれなりの整備がなされてきており，セキュリティに関するルール作りとその適切な運用も進められているようであるが，テレワークを支援するようなオフィス環境の整備はまだ進んでいない。つまり，2008年時点での日本のオフィス環境の多くは，テレワークのような企業外部からのアクセスを促進するような形であるとはいえなかった。そのため，実際にテレワークを実施している企業の数はあまり多くないと考えられる。

　具体的により詳しく見てみると，回答のあった145社の中で，テレワークを導入・実施している企業は46社（31.7％）であった[22]。業種別にテレワークの導入・実施が進んでいるのは，「情報通信業」（68.8％），「生活関連サービス業」（50.0％），「卸・小売業」（36.6％）となっており，一般的に導入・実施が進んでいると考えられている業種が上位に位置していた。その他の業界での導入は，まだこれからという感じであった。

　次に，現在既にテレワークを導入・実施している企業にサンプルを限定し，導入・実施の程度やねらいとその効果，導入・実施上の課題などを概観した後，前述した仮説の検証を行なっていく。

　テレワークを在宅勤務形態とモバイル勤務形態に分けて見た場合（**表**

表4-4 在宅勤務型・モバイル勤務型のテレワークを行なっている従業員の比率

カテゴリ	在宅型	モバイル型
5％未満	94.7％	18.9％
5〜10％未満	5.3％	16.2％
10〜20％未満	0.0％	10.8％
20〜30％未満	0.0％	18.9％
30〜40％未満	0.0％	8.1％
40〜50％未満	0.0％	16.2％
50％以上	0.0％	10.8％

4-4），在宅勤務を行なっている従業員の比率は非常に少なく，5％未満とする企業が94.7％を占めていた。一方，モバイル勤務を行なっている従業員の比率は表4-4で示すようにかなり分散しているものの，「30％以上の従業員がモバイル勤務をしている」と回答した企業も35.1％存在していた。これより，日本企業におけるテレワークは，モバイル勤務型が主流で，在宅勤務型はほとんど普及していないといえる。

次に，テレワークを導入・実施したねらいとその効果についてであるが，「仕事の効率性の向上」（53.9％）や「顧客サービスの向上」（46.2％），「社員の仕事の計画性や時間管理に対する意識や自律性の向上」（36.4％），「コミュニケーション能力の向上」（28.3％）を効果が上がっている項目と回答した企業が多かった。一方，マクロレベルでのねらいと考えられている「環境保護」（7.5％）や「ワーク・ライフ・バランスの充実」（17.5％），「パンデミックへの対応」（5.1％）などについては，あまり効果が上がっていなかった。

一方，テレワーク実施上の課題についてであるが，「労務管理の難しさ」（61.0％），「人事評価の難しさ」（48.8％），「セキュリティ上の不安」（51.2％），「コミュニケーションの低下」（46.4％）など，従来から課題であるといわれている項目を重要なものとして挙げる企業が多かった。

このような状況にある中で，今後の実施・拡大の予定を尋ねたところ，モバイル勤務形態に関しては，現状維持が61.1％，拡大方針が33.3％であった。一方，在宅勤務形態に関しては，現状維持は21.4％，拡大方針は57.1％であった。程度の差こそあれ，モバイル勤務型テレワークはある程度導入が進み，効果も出ているため，今後はまだあまり検討されていない在宅勤務型のテレワークに力を入れていこうとしているようである。

4-2-2　仮説検証

それでは次に，前述した仮説の検証をしていくことにする[23]。まず仮説4-1a，4-1bであるが，これらは経営者や中間管理職のテレワークに対する理解不足とテレワーク実施上の課題の関係についてのものである。これらの

要因間の相関係数を見てみると、**表4-5**のようになった。この表よりわかることは、経営者や中間管理職の理解不足の程度が高いほど、情報インフラの整備が遅れたり、セキュリティ上の不安が生じたり、テレワークに適した職種がないとする傾向が高いことである。

ただ、彼らが理解不足に陥るのは、テレワークに関しての費用対効果が不明確であったり、情報が不足していることに由来しているとも見て取れる。この結果より、仮説4-1a、4-1bは検証されたといえるだろう。そしてテレワークの普及のためには、彼らに対する啓蒙活動に、より重点を置くことが今後必要になるだろう。

仮説4-2は、テレワーク導入・実施企業におけるコミュニケーション状況とワーカーのモラールの関係についてのものである。企業内におけるコミュニケーションには、フォーマル・コミュニケーションとインフォーマル・コミュ

表4-5 経営者や中間管理職の理解不足とテレワーク実施上の課題との相関係数

	経営者の理解不足	中間管理職の理解不足	適した職種がない	セキュリティ上の不安	費用対効果が不明確	テレワークに関する情報不足	情報インフラの整備遅れ
経営者の理解不足	1.000						
中間管理職の理解不足	0.570	1.000					
適した職種がない	0.473	0.481	1.000				
セキュリティ上の不安	0.479	0.383	—	1.000			
費用対効果が不明確	0.587	0.564	0.437	0.510	1.000		
テレワークに関する情報不足	0.690	0.566	0.518	0.506	0.490	1.000	
情報インフラの整備遅れ	0.454	0.535	0.485	0.486	—	0.352	1.000

ニケーションがあり，さらに同一部署内のもの（垂直方向のコミュニケーション）と組織横断的なもの（水平方向のコミュニケーション）に分類できる。これら各々のコミュニケーション状況とワーカーのモラールとの相関係数は**表4-6**の通りである。いずれの場合においても，強い正の相関関係が見出せた。テレワーク導入・実施企業においても，以前の調査結果[24]と同様に，コミュニケーションが活発である企業ではワーカーのモラールが高い傾向にあるといえる。コミュニケーション不足はテレワーク実施上の重要な課題であるが，コミュニケーション不足に陥らぬよう常に気をつけていれば，高いモラールを達成できるのである。以上のことより，仮説4-2は検証されたといえるだろう。

　活性化されたコミュニケーションがモラールの向上をもたらすことは，今述べてきた通りであるが，仮説4-3で示したコミュニケーション状況とテレワークから期待される効果の間にはどのような関係があるのであろうか。前述したテレワーク導入に期待する効果とコミュニケーション状況の間の相関係数は**表4-7**の通りとなった。興味深いことに，垂直方向のフォーマル・コミュニケーションが活発である場合にのみ，多くの効果と正の相関関係があった。効果が上がったとされている「仕事の効率性の向上」や「コミュニケーション能力の向上」などはもちろん，「優秀な人材の採用」や「オフィスコストの削減」などとも強い正の相関関係があった。また，「コミュニケーション能力の向上」と「優秀な人材の採用」に対しては，垂直方向のインフォーマル・コミュニケーションの活発さとも正の相関があった。また，活発な垂直方向のフォーマル・コミュニケーションは「ワーク・ライフ・バランスの実現」や

表4-6　コミュニケーション状況とワーカーのモラールとの相関係数

	垂直方向のフォーマル・コミュニケーション	水平方向のフォーマル・コミュニケーション	垂直方向のインフォーマル・コミュニケーション	水平方向のインフォーマル・コミュニケーション
ワーカーのモラール	0.448	0.512	0.420	0.452

表4-7 コミュニケーション状況とテレワークに期待する効果との相関係数

	仕事の効率性の向上	コミュニケーション能力の向上	オフィスコストの削減	優秀な人材の採用	通勤時間の短縮	ワーク・ライフ・バランスの実現	地球環境への負荷削減
垂直方向のフォーマル・コミュニケーション	0.354	0.368	0.500	0.571	0.467	0.633	0.589
水平方向のインフォーマル・コミュニケーション	-	0.387	-	0.414	-	-	-

「地球環境への負荷削減」,「通勤時間の短縮」とも正の相関関係にあった。

では，なぜ垂直方向のフォーマル・コミュニケーションが活発である場合の方が，テレワークに期待される効果と相関関係をもつのであろうか。以前の研究より，ホワイトカラーの生産性にはインフォーマル・コミュニケーションよりもフォーマル・コミュニケーションの貢献度が高いことが示されている[25]。そして，日本でテレワークを導入している企業はまだ少なく，それを利用できる人も少ないので，まずは各々の所属する組織や部署内でのコミュニケーションがしっかりとなされることが重視されるのであろう。それゆえ，テレワーク導入・実施企業で垂直方向のフォーマル・コミュニケーションが活発であれば，業務がうまくなされることにつながり，結果的に，期待される効果につながっていくのだと考えられる。以上のことより，仮説4-3は，部分的にではあるが，検証されたといえるだろう。

上述したように，テレワークの導入・実施企業においても，コミュニケーションが活発であれば，モラールの向上をもたらしたり，期待される効果を得ることができる。そのためには，活発なコミュニケーションを維持しなければ

ならないのであるが，セキュリティルールの適用の仕方次第では，コミュニケーション状況にマイナスの作用を及ぼすこともある。テレワークの場合，通常の業務形態よりもネットを介したコミュニケーションの機会が増えるので，セキュリティルールの適切な運用状況が，通常業務以上に，コミュニケーションの程度に影響を及ぼすとも考えられる。仮説4-4a，4-4bで示した関係を見るための相関分析の結果は，**表4-8**に示す通りである。内容を詳しく見てみると，セキュリティルールの適切な運用は，コミュニケーション状況と有意な相関関係になかったのであるが，セキュリティルールを運用する上で業務に支障が出る場合には，垂直方向のフォーマル・コミュニケーション，水平方向のフォーマル・コミュニケーション，そしてコミュニケーション能力の向上に対してマイナスに作用する傾向があった。有意な結果ではなかったが，インフォーマル・コミュニケーションとも負の相関関係にあった。つまり，セキュリティルールの運用を優先するが故に実際の業務に支障が出てしまえば，全般的なコミュニケーションが滞る可能性が高いといえる。以上のことより，仮説4-4bのみ検証されたといえる。

最後に，テレワークの導入・実施段階とテレワークに期待される効果との関係について見ていくことにする。仮説4-5はこれらの間には正の相関関係があるとしており，結果は**表4-9**に示す通り，ほぼ全面的にそれを支持するものであった。特に，テレワークの導入・実施段階が上がるほど，優秀な人材の採用や顧客サービスの向上，企業イメージの向上につながるようであった。また，テレワークの実施段階を上げるためには，人々の信頼感の向上が不可欠で

表4-8 セキュリティルールの適用による業務の支障とコミュニケーション状況との相関係数

	垂直方向のフォーマル・コミュニケーション	水平方向のフォーマル・コミュニケーション	コミュニケーション能力の向上
ルールの適用による業務の支障	−0.450	−0.375	−0.339

網掛け部分の数値は10％水準で有意。

表 4-9 テレワークの実施段階と期待される効果との相関係数

	優秀な人材の採用	顧客サービスの向上	企業イメージの向上	企業への信頼感の向上	効率性の向上	コミュニケーション能力の向上	ワーク・ライフ・バランスの実現
テレワークの実施段階	0.735	0.434	0.424	0.616	0.282	0.345	0.374

網掛け部分の数値は10％水準で有意。

あることもこの結果から読み取れる。5％水準で有意な相関ではなかったが，効率性の向上やコミュニケーション能力の向上，ワーク・ライフ・バランスの実現などとも正の相関関係があった。また，テレワークの実施段階が上がり，それが長期的に維持されていけば，コミュニケーションが活発化し，いわゆるワイワイガヤガヤ的な企業文化が生まれるだろう。実際，テレワーク実施企業におけるワイガヤ的な雰囲気と従業員モラールの間の相関係数は0.351と高い。それゆえ，高い実施段階を継続的に維持していける企業文化が存在すれば，モラールの向上や企業全体の活性化を導くと考えられる。以上のことより，仮説4-5は検証されたといえる。

4-3 まとめ

本章では，テレワーク・実施に関しての課題や懸念，そしてテレワークに期待する効果に焦点を当て，調査・考察を行なってきた。

テレワークの導入がなかなか進まない理由としては，テレワークに対する様々な課題や懸念があるためと考えられる。テレワークに期待されている効果は，マクロレベル，ミクロレベルで多様なものが挙げられているが，懸念が払拭されない限り，導入のスピードは上がらないだろう。

今回の調査で課題や懸念として挙げられているものは，労務管理や人事評価の難しさ，セキュリティ上の不安，コミュニケーションの低下など従来から指

摘されているものが多かった。テレワークを導入したことでフェース・トゥ・フェースのコミュニケーションの機会が減り，それが上述の課題につながると懸念している企業が多いのであるが，テレワークを導入しなくてもコミュニケーションが沈滞している企業もあるし，導入していても従来通り活発である企業もある。テレワークうんぬんよりも，企業におけるコミュニケーションを活発にしようとする施策や人々の心構えの方が重要なのである。また，テレワークといってもほとんど会社に出社しないフルタイム型の勤務形態をとっているワーカーはほとんど存在せず，週8時間程度のレベルでこれを行なうワーカーが多い。この水準であれば，通常の休暇とあまり変わらず，コミュニケーション上の問題もさほど大きくはならないだろう。セキュリティ上の不安に関しては，ICTインフラの整備やセキュリティルールの適切な運用はしっかりなされているので，その点ではあまり心配はないと思われる。これらの懸念に大きな影響を及ぼしているのは，経営者や中間管理職のテレワークに対する理解不足であった。分析結果より，彼らの理解不足が改善され，促進役に回れば，懸念の多くは払拭できると考えられる。

　また，セキュリティ確保のためにルール作りをするのは必要であるが，業務に支障が及ぶような形でそれが適用されているならば，それはコミュニケーションを阻害することになるという結果を得た。セキュリティ確保に慎重になるあまり，必要以上にルールを厳格化すれば，逆効果になりかねないのである。

　一方，テレワークを導入・実施しても，従来通りまたはそれ以上に活発なコミュニケーションを行なうことができれば，ワーカーのモラール向上やテレワークに期待される効果を得ることができると考えられる。繰り返しになるが，テレワークの導入・実施が，即，コミュニケーションの沈滞化につながると考えるのではなく，テレワークを導入・実施しても，コミュニケーションの状況をさらに改善できる方策を工夫することが重要なのである。

　テレワークを導入・実施している企業は，現状ではまだ多くはないのであるが，既に導入・実施している企業がその実施レベルを全社的レベルにまで広

め,長期的にテレワークを利用する文化が定着していけば,テレワークに期待されている効果もより高いものとなるだろう。そのためには,テレワークに関する啓蒙活動をさらに強め,経営者や中間管理職の理解不足を改善する必要があるのである。日本は集団主義社会であるといわれており,そこで働く人々は,チームの一員として働く方が好業績を上げるといわれている[26]。それゆえ,チームの一員であることを実感できるようにコミュニケーションのチャネルをしっかり確立し,ワイガヤ的文化のレベルにまで昇華させることが重要である。

日本でのテレワーク普及への取り組みは,ここ数年の間に活発になっているが,その成果はまだ見える形でなかなか現われていない。Suomi et al.[27]が述べているように,テレワークは単に技術的なイノベーションではなく,社会学的なイノベーションでもある。それを成功に導くためには,古い産業・生産構造における柔軟性の欠如から離れ,個々のワーカーが自らの知識を用いてより柔軟に働ける構造が必要なのである。従来の社会構造を変革するような新しい労働形態を導入する場合には,様々な反対や懸念が生じるのは当然のことである。求められる新たな社会構造を確立していくためには,これらの反対や懸念を一つずつ解決していく,長期的な姿勢が必要となるだろう。

(1) Illegems & Verbeke [2004] p.16.
(2) Powell & Dent-Micallef [1997] p.396.
(3) 古川靖洋 [2006a] pp.25-29。
(4) 下崎千代子 [2001] p.2。
(5) Verbeke et al. [2008] p.197.
(6) 十川廣國 他 [2009] p.69。
(7) 十川廣國 他 [2009] p.64。
(8) Duarte & Snyder [2006] p.59.
(9) ホール [1993] pp.52-53。
(10) 古川靖洋 [2006a] pp.114-117。
(11) Illegems & Verbeke [2004] p.71.
(12) Harrison et al. [2004] p.34.
(13) Harrison et al. [2004] p.52.

(14) 古川靖洋 [2009b] p.18。
(15) 総務省（編）[平成21年版] pp.58-59。
(16) 古川靖洋 [2009b] pp.18-27。
(17) Lamond [2000] p.27.
(18) 松尾睦 [2006] p.5。
(19) Suomi *et al*. [1998] p.335, Hoefling [2003] p.19.
(20) Hiltrop [2000] pp.170-172, Davenport [1994] p.127.
(21) 日本テレワーク協会 [2007] p.68。
(22) ここでのテレワークは，在宅勤務型テレワークとモバイル勤務型テレワークを統合したものを指す。
(23) 在宅勤務型テレワーカーのサンプル数が少なかったため，以下ではモバイル勤務型のテレワーカーに限定して分析を進めている。サンプル数は39である。
(24) 古川靖洋 [2006a] pp.114-117。
(25) 古川靖洋 [2006a] pp.114-117。
(26) レイサム [2009] pp.234-235。
(27) Suomi *et al*. [1998] p.332.

第5章 テレワーク導入企業におけるオフィスワーカーの生産性向上要因

　テレワークという従来とは異なる業務形態を導入することに際し，ハード面・ソフト面それぞれにおいて，メリットがある一方，懸念やデメリット，課題などが存在している。それらを解消していくことができなければ，テレワークという制度が導入されても，より実践的な利用はなかなか進まないだろう。本章では，まずテレワーク導入に際して，どのような課題や懸念があるかを提示し，その実態について明らかにしていきたい。

　また，ICT投資とその効果の関係に関する議論の場合と同様に，テレワークの場合もその費用対効果を測ったり，分析することは非常に難しいといわれている。テレワークの主要な推進目的の一つは，情報通信インフラを活用した生産性向上であるが，実際にこの関係を測定しようとした試みはほとんどない。その理由として考えられるのは，テレワーカーが主としてオフィスワーカーであり，彼らの生産性を測定することがまずもって難しいためであろう。そこで筆者は，自ら議論を展開している有効性に焦点を当てたオフィスワーカーの生産性指標である彼らの創造性，情報交換度，モラールを用いて，これらの指標に影響を及ぼすと考えられている諸要因がテレワーク導入企業に対しても同様の影響を及ぼすかどうかを，アンケートを用いて調査・考察する。また，テレワーク導入に際しての課題を解決できるであろう諸施策が生産性指標に影響を及ぼすかどうかを同様に調査・考察する。加えて，テレワークを導入する場合に示される様々な「ねらい」が生産性の向上に結びつくのかも検討したい。

5-1　テレワーク導入に際しての懸念や課題の実態

　第2章で述べてきたように，労務管理上の問題やコミュニケーション不足，

セキュリティに関する問題などが、テレワークを導入・実施する上での懸念や課題として考えられてきた。では、実際まだテレワークを導入していない企業が仮にテレワークを導入する場合、何を重要な課題と考えているのであろうか。日本テレワーク協会の行なったアンケート調査[1]によると、結果は次のようなものとなっている（図5-1）。「非常に重要な課題である」と「重要な課題である」の2つの回答を合わせた割合が多い順に見ていくと、「労務管理（労働時間管理など）が難しい」が77.4％と最も高い数値を示した。次いで、「情報セキュリティの確保に不安がある」が73.8％、「社員の人事評価が難しい」が71.1％、「社内の情報インフラが整備されていない」が62.7％であった。数値を見ると、労務管理上の課題とインフラやセキュリティ上の課題を重要なものと考える企業が多かった。また、「テレワーク導入の費用対効果が明確でない」というコスト上の課題を重要であると考える企業は65.7％、「コミュニケーションがうまくできなくなる」という課題を重要であると考える企業は67.5％存在していた。さらに、「経営者のテレワークに関する理解がない」と「中間

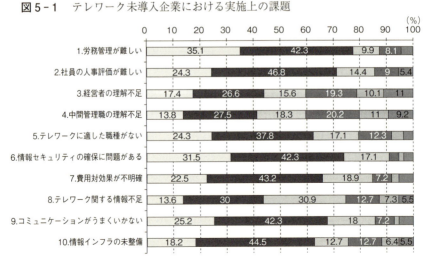

図5-1 テレワーク未導入企業における実施上の課題

管理職のテレワークに関する理解がない」,「テレワークに関する情報が少ない」を重要な課題と考える企業は,それぞれ44.0％, 41.3％, 43.6％であり,他の項目と比べて低い値を示していた。政府によってテレワークの導入が推進されているためか,経営者や中間管理職レベルでのテレワークの理解は想像以上に進んでいるようである。それに対して,「テレワークに適した職種がない」を重要な課題として挙げた企業が66.1％存在していた。テレワークに関する情報は様々なところで提供されているようであるが,実際どのような職種に対してテレワークを提供すればよいのか,そしてどのようにしてそれを管理すればよいのかについて具体的な施策を提示することができず,結果的にテレワークを導入するに至っていない企業が多数存在していると思われる。

5-2　テレワークの導入とオフィスワーカーの生産性

5-2-1　テレワーク導入企業における生産性向上要因

　従来よりテレワークの導入が議論される場合,ICT の整備が進めばテレワークの導入・実施は自然と増加するだろうと予想されてきた。しかし,テレワークの導入が必ずしもオフィスワーカーの生産性向上に結びついているわけでもなく,その導入は期待するほどには伸びていない。オフィスにおけるハード面での整備は,生産性向上のためのあくまで必要条件なので[2],十分条件となる部分を別途考える必要がある。本節ではまずオフィスワーカーの生産性向上に貢献する要因に注目してみたい。

　前節で示したように,テレワークの導入に当たっては様々な課題があるわけであるが,これらの課題を解決することができれば,それ相当の成果を得ることができると考えられる。前述の調査において,テレワークをまだ導入していない企業（サンプル数は114社）が仮に導入した場合,テレワークの導入によって期待される効果として「オフィスコストの削減」を考えている企業は67.7％[3],「オフィスワーカーの効率性（生産性）の向上」を考えている企業は

48.9％存在していた（**図5-2**）。テレワークを導入した場合，通勤時間や移動時間の短縮という直接的な効果を期待することは直感的に予想できるし，そのように回答する企業も多い。そして，各企業はそれに加えてオフィスワーカーの生産性向上を期待しているのである。

ただ，オフィスワーカーの生産性といった場合，彼らのアウトプットを何でもって測るかなどはほとんど明確になっていない。それゆえ，オフィスワーカーの生産性向上が長年叫ばれていても，具体的にその生産性指標を示し，それを測定した例はほとんど見られない。古川[4]は，オフィスワーカーのアウトプット自体を特定することは難しいと考え，そのアウトプットに影響を及ぼすと考えられる要因を「有効性に焦点を当てた生産性」とし，その指標としてオフィスワーカーの「創造性」，「情報交換度」，「モラール」[5]の3つを挙げた。そして，**表5-1**に示すように，これら3つの指標に影響を及ぼす要因をそれぞれ挙げている。テレワーカーは，主としてオフィスワーカーであるので，**表5-1**で示したような諸要因は彼らの生産性向上に貢献すると考えられる。テレワークという従来とは異なった形態によって業務を行なうとしても，彼らがこなさなければならない業務内容は変わらないためである。それゆえ，以下のような仮説を設定できる。

仮説5-1：オフィスワーカーの生産性に影響を及ぼす諸要因は，テレワーカーにも有効である。

この仮説5-1に対して，テレワーク導入企業では，テレワーク未導入企業よりも，テレワーク関連の諸課題を解決するための諸施策がよりテレワーカーの生産性向上に有効であるという考え方もある。第4章で示したアンケート調査の結果より，経営者や管理職のテレワークに対する理解不足が高いほど，テレワーク実施上の他の諸課題が大きく取り上げられる傾向にあることと，テレワーク実施企業においてコミュニケーションをより活性化できれば，期待されている効果の達成に結びつき，さらにセキュリティルールの適切な運用がコ

5-2 テレワークの導入とオフィスワーカーの生産性　85

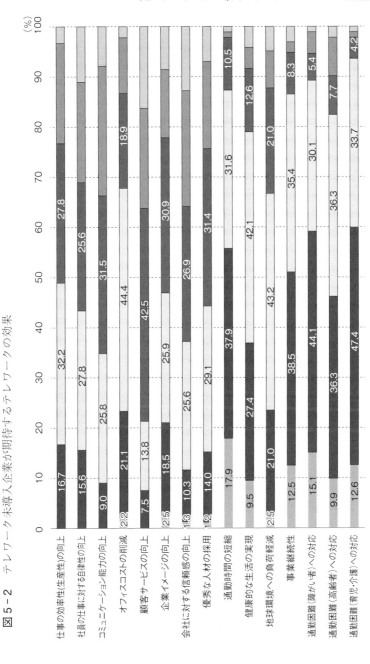

図5-2　テレワーク未導入企業が期待するテレワークの効果

表5-1 オフィスワーカーの生産性指標に影響を及ぼす諸要因

	創造性	情報交換度	モラール
個人的要因	・専門知識 ・創造的思考スキル ・コミットメント ・挑戦意欲 ・積極性	・挑戦意欲 ・積極性	・挑戦意欲 ・積極性 ・自らの能力の自覚 ・自律性
組織的要因	・学習の機会 ・能力開発制度の充実 ・コミュニケーションの促進 ・権限委譲	・コミュニケーションの促進 ・組織内の信頼関係 ・共感できる経営理念	・参画型マネジメント ・業務内容の明示 ・仕事そのものの面白さ ・加点主義による人事評価 ・成果主義による人事評価 ・コミュニケーションの促進 ・組織内の信頼関係 ・学習の機会 ・権限委譲 ・能力開発制度の充実 ・共感できる経営理念

出所：古川靖洋 [2006a] p.79を一部修正。

ミュニケーションの活性化をもたらすことが見出されている。

　それでは，第2章で示したテレワーク実施上の課題について，それを解決するであろう施策を少し詳しく見ていくことにする。まず労務管理や人事評価に関する課題について考えてみよう。テレワークを導入した場合，常に部下をフェース・トゥ・フェースで管理することができなくなるため，従来の管理手法を用いることができなくなったり，成果を十分に測れないということが起こると考えられている。しかし現在のような脱工業化社会では，会社にいる時間と生産性はほとんど関係がない。組織に対する過度の忠誠心や周りに合わせるだけの忠誠心はマイナス要因とも考えられる[6]。それゆえ，ワーカーそれぞれの業務内容をより明確にし，それに対して権限委譲を進めていく目標管理制度は，テレワーカーの生産性向上にはプラスに貢献すると考えられる。

　また，従来の評価方法のように業務を行なっている時間や過程を評価の中心とするのではなく，成果を中心とする評価方法の方が，テレワークのように必

ずしもフェース・トゥ・フェースの管理ができない場合でもより公平な評価をすることができ，生産性向上にプラスに作用すると考えられる。Hill et al.[7]は，仕事に対する労働を行なう場所の影響を実証的に測定した結果から，バーチャルオフィスやホームオフィスへ乗り出す企業は，結果志向で評価する文化へ移行する必要があり，業績評価システムはより特定的に測定されているものを対象としなければならないと述べている。Shockley-Zalabak et al.[8]も，現在のワーカーは彼らのアイデアがより公平で十分な評価に合致すると信じている時，より革新的に行動すると述べている。そして，公平な取り扱いは，組織内の関連性における信頼をサポートすることになる[9]。ただし大藪[10]が指摘するように，評価や報酬などが成果主義のような公式承認マネジメントをとったとしても，職場で個人が日本的な柔軟貸借的働き方を求められるならば，人材マネジメントがシステム的に機能しないので，その点を十分に配慮した施策が必要になる。以上のことから次のような仮説を設定することができる。

仮説5-2：目標管理制度の適正な運用がオフィスワーカーの生産性に貢献する度合は，テレワーク未導入企業よりもテレワーク導入企業でより高い。

仮説5-3：成果主義による人事評価の適正な運用がオフィスワーカーの生産性に貢献する度合は，テレワーク未導入企業よりもテレワーク導入企業でより高い。

また，テレワークを導入するとメンバー間のコミュニケーションが沈滞化してしまうのではないかという懸念がある。それゆえ，テレワークを導入してもいかに従来通りのコミュニケーションを維持し，さらに活性化するのかが課題となる。なにも工夫がなければ，懸念されている通り，コミュニケーションの沈滞化を招く可能性がある。Offstein & Morwick[11]も述べているように，テレワークを機能的なものにしようとするとき，異なる多様なコミュニケーションパターンが必要である。そのためリアルタイムコミュニケーションツールや

webカメラなどの設備を導入し，フェース・トゥ・フェースのコミュニケーションを補完する必要が出てくる。また，オフィスや自宅以外でも，必要であればいつでも業務メンバーと密な連絡を取れる立ち寄り型のオフィスの整備や総合的なオフィス機能のレベルアップもコミュニケーションの活発化のための補完的施策と考えられる。以上のことから次のような仮説を設定することができる。

　　仮説5-4：フェース・トゥ・フェースのコミュニケーションを補完する設備の整備がオフィスワーカーの生産性に貢献する度合は，テレワーク未導入企業よりもテレワーク導入企業でより高い。

　そして，テレワークを導入する企業で，業務を安定して遂行し，コミュニケーションを円滑に行なうためには，セキュリティシステムの整備が不可欠である。ネット上の様々なリスク要因の登場とそれに対処するための新たなセキュリティシステムの導入は，いたちごっこの感もあるが，人々の不安感をできるだけ小さく抑えるためには，常日頃からのセキュリティシステムの整備は欠かせないだろう。一方，セキュリティ確保のために設定されるセキュリティルールの適切な運用もテレワークにおけるセキュリティを確保する上で必要となる。以上のことから次のような仮説を設定することができる。

　　仮説5-5：セキュリティシステムの適正な整備がオフィスワーカーの生産性に貢献する度合は，テレワーク未導入企業よりもテレワーク導入企業でより高い。
　　仮説5-6：セキュリティルールの適正な運用がオフィスワーカーの生産性に貢献する度合は，テレワーク未導入企業よりもテレワーク導入企業でより高い。

　最後に，テレワークを導入すれば，新たなコストが発生することになり，そ

れへの対処のために，従来からの働き方や業務のやり方を抜本的に変えることが必要になってくる。新たに導入するICT関連のコストに見合っただけの業務の効率化策が先行もしくは同時に実施されれば，テレワークが生産性向上により貢献することになるだろう。例えば，社外からのオフィスサーバーへのアクセスやペーパーレス化，業務上必要な各種申請のオンライン化などの施策は，ICT関連の業務改善施策の一環と考えられる。野村総合研究所[12]では，業務におけるペーパーレス化を推進し，それをきっかけとしてワークスタイルイノベーションを起こし，最終的に高い知的生産性を達成できる仕事場の実現を目指している。以上のことから次のような仮説を設定することができる。

　仮説 5-7：ICTを利用した業務効率化施策の積極的な実施がオフィスワーカーの生産性に貢献する度合は，テレワーク未導入企業よりもテレワーク導入企業でより高い。

5-2-2　テレワーク導入の「ねらい」とオフィスワーカーの生産性

　テレワークの導入に際して，前述したような懸念や課題があるわけであるが，その一方でテレワークを積極的に導入しようとする「ねらい」が存在することも事実である。ここでは，それについて詳しく述べてみたい。まず直感的に理解しやすいねらいとしてよく挙げられているのが，「ワーカーの通勤時間や移動時間の削減」や「障がい者や高齢者など通勤困難者への対応」，さらには「社員のゆとりと健康的な生活（ワーク・ライフ・バランス）の実現」など業務を行なう上でのストレスの軽減を目指した表面的なねらいである。

　ワーカーがストレスなく業務に取り組み，ゆとりをもった生活をすることができるようになれば，企業へのコミットメントが高まり，長期的にはワーカーのモラール向上をもたらすであろう。また，近年のエネルギーコストの増大により，テレワークによってCO_2削減に取り組み，地球環境への負荷を軽減させるというねらいやそういう行動に関係することで，企業の社会的責任を果たす

という社会性の向上をねらいとしたテレワークの導入も理解しやすい。さらに，自然災害やインフルエンザなどの感染症へ緊急に対応し，事業を維持・継続するということをねらってテレワークを導入するという企業もあるだろう。

この他に，テレワークを導入することでオフィスの床面積自体を縮小し，オフィスコストを削減するというねらいや顧客の要望に対してワーカーを配置し，顧客の要望に柔軟に応えるというねらい，そしてこれらの成果の蓄積が結果的に仕事の効率性向上をもたらすだろうということも考えられる。

一方，個々のワーカーの内面や働き方自体の改善もテレワークのねらいとされている。個々のワーカーは，自らの業務内容を明確にし，業務の期限を自ら決め，自ら必要とする情報を積極的に交換することが求められる。つまり，テレワークはワーカー自らによる時間管理や自律性の向上[13]，情報共有化の推進，コミュニケーション能力の向上をねらいとする業務形態なのである。ピンク[14]は，会社が基本的な報酬ラインを満たしていれば，昇給よりも価値があるものは，自分の好きなように仕事をする自由だと述べている。さらにテレワークを導入することは，個々のワーカーに対して大幅な権限委譲をすることになるので，それは彼らの会社に対する信頼感を醸成し，優秀な人材の採用や定着にも効果があると考えられる。守島[15]は，現在，働く人の意識の上で，企業を選ぶ際に働きやすさが重視されるようになってきており，働く人が自分のキャリアプランやワーク・ライフ・バランスに関する価値観などを上司と擦り合わせることができるような信頼関係をリーダーが作っていかなければならないと述べている。同様に，Great Place To Work モデル[16]では，人々が働く上で最も重要な動機づけの本質を，会社・経営者とワーカーの間の信頼関係としている。Shockley-Zalabak et al.[17]も組織的な信頼は個人の行動を導き，さらにそれが組織の創造性へ結びつくと述べている。テレワークは万能薬ではないが，信頼関係を築くための一助となるだろう。

以上述べてきたように，テレワークの導入に際しては様々な「ねらい」が存在する。テレワークを導入しても，全ての「ねらい」で効果を上げることは現実的に難しいであろうが，それぞれが少しでも高い効果を上げることができれ

ば，それは最終的にオフィスワーカーの生産性向上へつながっていくと考えられる。それゆえ，以下のような仮説を設定できる。

仮説5-8：テレワークの導入に際しての「ねらい」が高い効果を上げるほど，オフィスワーカーの生産性は向上する。

以上，仮説5-1～仮説5-8までを設定したわけであるが，次節ではこれらの仮説を企業に対するアンケート調査を用いて検証していきたい。

5-3　アンケート調査に基づく実証分析

5-3-1　調査の概要と分析手法

それでは，テレワークの導入・実施に際しての課題やねらいとオフィスワーカーの生産性の関係を，前述したアンケート調査の結果に基づいて明らかにしていきたい。

調査の概要であるが，2010年1月より約1ケ月の間に，上場企業3,788社，未上場企業1,212社の合計5,000社[18]を対象として調査表を送付した。アンケートの有効回答数は171社であった。171社のうち，何らかの形でテレワークを導入・実施している企業は57社，調査時点でまだ導入していない企業は114社であった。なお，アンケートの具体的内容（抜粋）は，巻末のAppendix 2を参照されたい。

それではまず，テレワーク導入企業とテレワーク未導入企業における人事上の諸施策の状況を見ていくことにする。図5-3は，目標管理制度と成果主義による人事評価制度の運用状況である。テレワーク導入企業では56.4％，未導入企業では54.5％と導入・未導入にかかわらず，50％以上の企業が目標管理制度を適正に運用していると回答している。一方，適正に運用されていないと回答した企業はテレワーク未導入企業で多かった。成果主義に関しては，テレ

図5-3　目標管理制度と成果主義の運用状況

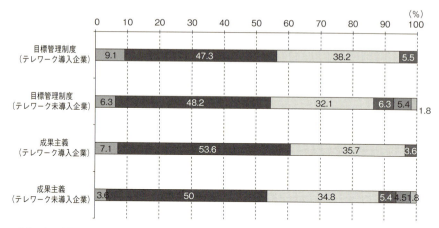

ワーク導入企業で60.7％，未導入企業で53.6％の企業が適正に運用されていると回答していた。そして，目標管理制度の場合と同様に，適正に運用されていないと回答した企業は未導入企業で多かった。目標管理制度や成果主義による人事評価制度は，ここ数年の間に多くの企業で採用されてきているが，様々な問題点もあるといわれている。ただ前述したように，テレワークを導入している企業では，これらの人事評価制度のメリットは高い。それゆえ，未導入企業と比べて適正に運用されていると回答する企業が多いのであろう。次に，新入社員・一般社員・管理職をそれぞれ対象としたモラール向上のための教育・研修制度の実施状況を見てみる。**図5-4**で示されている通り，テレワーク未導入企業において，モラール向上のための教育・研修がより活発に行なわれていた。テレワーク導入企業では，必要に応じて実施すると回答した企業が多かった。

オフィスにおける諸設備やセキュリティの状況を見てみると（**図5-5**），全般的なオフィス環境の機能性はテレワークの導入いかんにかかわらずほぼ同様の傾向があり，約50％弱の企業がオフィス環境の機能性は高いと回答してい

図 5-4 モラール研修の状況

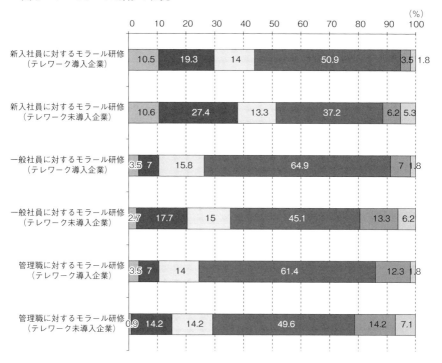

る。IP電話，リアルタイムコミュニケーションツール，webカメラを利用したコミュニケーションツールなど通常のコミュニケーションを補完するための設備の整備状況は，webカメラ以外で，テレワークを導入している企業の方がより進んでいた。テレワークによって，フェース・トゥ・フェースのコミュニケーションの機会が減少すると考えられるため，様々なコミュニケーションツールを導入して，それを補っているのだろうと推測できる。社外からのサーバーへのアクセスやペーパーレス化，業務のオンライン申請といったオフィス業務の効率化をねらいとした設備の整備状況も，テレワークを導入している企業でより進んでいた。テレワークを導入するためには，同時にこのような設備

94 第5章　テレワーク導入企業におけるオフィスワーカーの生産性向上要因

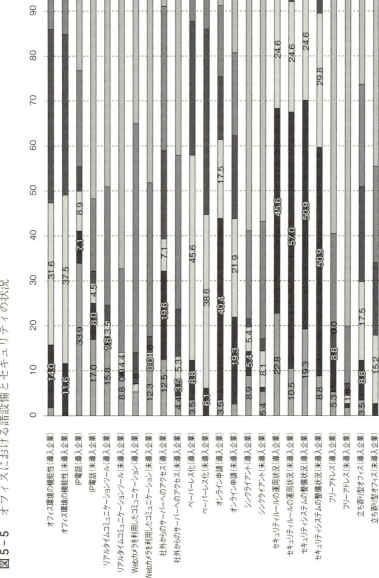

図5-5　オフィスにおける諸設備とセキュリティの状況

や制度を整備する必要があるのだろう。

　セキュリティの状況については，セキュリティシステムの整備状況，セキュリティルールの運用状況ともにテレワーク導入企業の方で「非常によく整備されている」と回答した企業が多かった（19.3％，22.8％）。シンクライアントの利用は，テレワーク導入企業の方が進んでいたが，利用している企業の割合はそれほど高くなかった（8.9％：数値は「非常によく整備されている」と回答した企業のみ）。このように多少の差はあるが，全般的に見た場合，セキュリティ面での整備はよく進んでいる。最後に，フリーアドレス型のオフィスや立ち寄り型オフィスのようなテレワーク自体を補完・促進するオフィス形態の整備状況は，テレワーク導入企業でより整備が進んでいたが，その導入割合は非常に低かった（14.1％，12.3％：数値は「非常によく整備されている」，「よく整備されている」と回答した企業を合計したもの）。テレワークをより機能的なものとするためには，ハード面での整備も必要であるが，まだ十分に進められているといえない段階である。

　それでは次に，オフィスワーカーの生産性に影響を及ぼす諸要因とオフィスワーカーの生産性（創造性，情報交換度，モラール）の関係，ならびにテレワーク導入企業において求められる課題解決のための諸施策と生産性の関係について見ていくことにする。これらの関係を分析するに当たっては，定性要因のための定量分析（QAQF）のD値分析を用いた[19]。

5-3-2　ワーカーの創造性に影響を及ぼす要因

　表5-2は，テレワーク導入企業と未導入企業それぞれのワーカーの創造性に影響を及ぼす要因である。**表5-1**で示したように，ワーカーの創造性に影響を及ぼす組織要因は，学習の機会，能力開発制度の充実，コミュニケーションの促進，権限委譲である。結果を詳しく見てみると，テレワーク導入企業においては，垂直方向のフォーマル・コミュニケーション，インフォーマル・コミュニケーション，水平方向のフォーマル・コミュニケーションが活発な企業ほど，創造性が高かった。また，一般社員のモラール研修が盛んであることも

第5章 テレワーク導入企業におけるオフィスワーカーの生産性向上要因

表5-2 ワーカーの創造性に影響を及ぼす要因

創造性	テレワーク導入企業	D値	テレワーク未導入企業	D値
1	オフィスの環境の機能性	1.333	セキュリティルールの運用状況	1.146
2	垂直フォーマル	1.171	セキュリティシステムの整備状況	1.087
3	一般社員モラール研修	1.000	オフィスの機能性	0.995
4	セキュリティシステムの整備状況	0.984	管理職モラール研修	0.961
5	垂直インフォーマル	0.892	オンライン申請	0.727
6	立ち寄り型オフィス	0.750	一般社員モラール研修	0.612
7	オンライン申請	0.643	ワイガヤな雰囲気	0.518
8	水平フォーマル	0.632	目標管理制度	0.434
9	成果主義	0.591	成果主義	0.418
10	目標管理制度	傾向のみ	垂直インフォーマル	傾向のみ
11	-	-	水平インフォーマル	傾向のみ
12	-	-	水平フォーマル	傾向のみ

創造性の向上に貢献していた。

一方,テレワーク未導入企業においては,管理職・一般社員のモラール研修が創造性の向上に貢献していた。コミュニケーションの状況は,統計的に有意な結果ではなかったが,それが活発であるほど創造性向上に貢献するという傾向は見られた。以上のことより,オフィスワーカーの創造性については,テレワークの導入・未導入に関係なく,それを向上させると考えられている要因が貢献していた。つまり,創造性について仮説5-1は採択されたといえるだろう。

これに対して,オフィスワーカーの創造性向上に影響を及ぼすテレワーク導入上の課題解決策について見てみる。まず仮説5-2,仮説5-3で示した目標管理制度と成果主義による人事評価制度についてであるが,テレワーク導入企業では成果主義による人事評価制度が適正に運用されている企業ほどオフィス

ワーカーの創造性の発揮に貢献していたが，目標管理制度については，同様の傾向は見られたものの，有意な結果ではなかった。一方，テレワーク未導入企業においては，成果主義による人事評価制度は，テレワーク企業の場合と同様に，創造性の発揮に貢献し，これに加えて目標管理制度の適正な運用も有意な結果となっていた。成果主義による人事評価制度のD値を比較すると，テレワーク導入企業の方がその値が若干高かった。それゆえ，この貢献度はテレワーク導入企業においてより高いといえる。以上のことより，オフィスワーカーの創造性については，仮説5-2は棄却，仮説5-3は採択される結果となった。ただ前述したように，目標管理制度と成果主義による人事評価制度は，それらが適正に運用されれば，テレワークの導入・未導入に関係なく創造性の発揮に貢献する施策であることは検証された。これらの施策がオフィスワーカーの創造性発揮に貢献するのは，これらが個人要因である挑戦意欲の向上や権限委譲に結びつくものだからであろう。

　テレワーク導入企業では，フェース・トゥ・フェースのコミュニケーションの機会が減少する可能性が高いので，その状況を改善すべく，コミュニケーション不足を補完する設備や施策が用いられるケースが多い。それの状況とオフィスワーカーの創造性との関係を見てみると，テレワークの導入いかんにかかわらず，オフィス環境の機能性が高く，立ち寄り型オフィスの整備が進んでいる企業ほど，より創造性が発揮されていた。ただ，高い機能性をもつオフィス環境の貢献度は，テレワーク導入企業の方が高かった。この結果より，創造性について仮説5-4は採択といえるだろう。立ち寄り型オフィスのようにテレワーカーに必要な設備は，その効果があるといえる。一方，機能的なオフィスは，ワーカーの創造性発揮のためには，今やすべての企業において必要条件となっている。

　次に，セキュリティシステムの整備状況やセキュリティルールの運用状況と創造性との関係を見てみる。テレワーク導入企業では，セキュリティシステムが適正に整備されているほど創造性がより発揮されていた。一方，テレワーク未導入企業では，セキュリティシステムの整備状況に加えて，セキュリティ

ルールが適正に運用されているほど創造性が高く，これらの要因の貢献度は非常に高かった。この結果より，創造性に関して仮説5-5と仮説5-6は棄却されたことになる。テレワークを導入していない企業では，システムの整備が十分に進み，その運用ルールが適正であれば，安心してネットを駆使した業務を行なうことができ，それが創造性の発揮につながっているのだろう。

　ICTを利用したオフィス業務の効率化のための施策と創造性発揮との関係を見てみると，テレワーク導入のいかんにかかわらず，業務に関してオンライン申請の利用が進んでいるほど，オフィスワーカーの創造性がより発揮されていた。ただ，D値はテレワーク未導入企業の方が高かった。これより創造性に関して仮説5-7は棄却されたといえる。ただ，仮説は棄却されたが，このような施策の利用が進めば，テレワークの導入に関係なく，業務時間に関しての効率性が高まることになり，それが創造性の発揮へつながると考えられる。

5-3-3　ワーカーの情報交換度に影響を及ぼす要因

　続いて，オフィスワーカーの生産性に影響を及ぼす要因とオフィスワーカーの情報交換度の関係について見てみよう。分析結果を示した**表5-3**によると，テレワーク導入企業においても，未導入企業においても，全社的にワイワイガヤガヤと良好な雰囲気の企業ほど情報交換度が高かった。これは**表5-1**に示された要因に該当するものである。これより，情報交換度において仮説5-1は採択されたといえる。

　一方，テレワークを導入する上での懸念や課題を解決するであろう諸施策が，オフィスワーカーの情報交換度に及ぼす影響を見てみる。目標管理制度と成果主義による人事評価制度に関しては，テレワークの導入のいかんにかかわらず，これらが適正に運用されているほど，情報交換度に対してプラスに貢献していた。それぞれのD値を比較すると，テレワーク導入企業の方がその値が高かった。それゆえ，情報交換度においては仮説5-2，仮説5-3はそれぞれ採択された。ただテレワークを導入しなくても，これらの施策を適正に運用しようと思えば，業務内容について常に上司や部下と詳細な擦り合わせが必要

表5-3 情報交換度に影響を及ぼす要因

情報交換度	テレワーク導入企業	D値	テレワーク未導入企業	D値
1	ワイガヤな雰囲気	2.331	ワイガヤな雰囲気	1.632
2	一般社員モラール研修	1.530	オフィス環境の機能性	1.169
3	オフィス環境の機能性	1.283	セキュリティシステムの整備状況	1.011
4	セキュリティシステムの整備状況	1.200	セキュリティルールの運用状況	0.914
5	管理職モラール研修	1.116	新入社員モラール研修	0.846
6	新入社員モラール研修	0.973	Webカメラ	0.707
7	立ち寄り型オフィス	0.944	管理職モラール研修	0.659
8	オンライン申請	0.839	シンクライアント	0.640
9	ペーパーレス	0.822	目標管理制度	0.595
10	成果主義	0.812	成果主義	0.581
11	目標管理制度	0.804	−	−

となる。それゆえ，これらの適正な運用は情報交換度の向上に貢献すると考えられる。

　テレワーク導入企業において，コミュニケーション不足を補完する施策と情報交換度の関係を見てみると，オフィス環境の機能性が高く，立ち寄り型オフィスの整備が進んでいる企業で情報交換度が高かった。また，テレワーク未導入企業でも，オフィス環境の機能性は重要な要因として挙がっていた。これに加えて，未導入企業でwebカメラの利用状況が高いほど，情報交換度が高かった。従って，情報交換度において仮説5-4は一部採択という結果となった。テレワーク導入企業では，どのような場所でも仕事ができる設備の整備が，情報交換の促進のためには必要となるのだろう。一方，テレワーク未導入企業でも，情報交換を促進するためには，一定水準以上の設備が備わった機能的なオフィスが必要なのである。これは古川[20]が述べている，オフィス環境は生産性向上のための十分条件ではないが必要条件であるという考えに合致するものである。

　セキュリティシステムの整備状況やセキュリティルールの運用状況とオフィ

スワーカーの情報交換度との関係についてであるが，テレワークの導入いかんにかかわらず，セキュリティシステムの整備状況は情報交換度に有意に貢献していた。加えて，未導入企業ではセキュリティルールの運用状況がより適正で，シンクライアント環境の利用がより盛んな企業ほど情報交換度が高いという結果であった。これより，情報交換度に関しては，仮説5-5は一部採択，仮説5-6は棄却されたといえるだろう。テレワークを導入している企業では，セキュリティに関するルールは未導入企業と比べてより厳格に規定・運用されているので（図5-5参照），既に所与の状態となり，その適切な運用が情報交換度に貢献しなかったと考えられる。

業務におけるペーパーレス化やオンライン申請の運用状況とオフィスワーカーの情報交換度との関係についてであるが，テレワーク導入企業においてのみ，これらが適正に運用されているほど情報交換度にプラスに貢献していた。これより，情報交換度に関して仮説5-7は採択された。これらの施策の適正な運用により，ルーチン業務の効率化が図られ，テレワーカーの出社時に，より重要な案件について本質的なコミュニケーションを行なえる状況が見て取れる。

5-3-4　ワーカーのモラールに影響を及ぼす要因

では次に，オフィスワーカーの生産性に影響を及ぼす要因とオフィスワーカーのモラールの関係について見ていく。**表5-1**より，ワーカーのモラール向上に影響を及ぼす要因として考えられるものは，業務内容の明示や成果主義による人事評価，活発なコミュニケーション，学習の機会の充実などである。テレワーク導入企業・未導入企業で，これらの要因がオフィスワーカーのモラール向上に影響を及ぼしている状況は，**表5-4**に示される通りである。テレワークの導入のいかんにかかわらず，前述した諸要因はモラールの向上に貢献していた。テレワーク導入企業では，活発なコミュニケーションの状況の貢献度が未導入企業よりも高かった。特に，垂直方向のインフォーマル・コミュニケーションが活発であるほど，モラールは向上するようである。テレワーク

5-3 アンケート調査に基づく実証分析

表5-4 ワーカーのモラールに影響を及ぼす要因

モラール	テレワーク導入企業	D値	テレワーク未導入企業	D値
1	垂直インフォーマル	1.363	セキュリティシステムの整備状況	1.235
2	ワイガヤな雰囲気	1.303	セキュリティルールの運用状況	1.180
3	水平インフォーマル	1.155	管理職モラール研修	0.953
4	オフィス環境の機能性	1.083	新入社員モラール研修	0.942
5	セキュリティシステムの整備状況	0.989	オンライン申請	0.922
6	一般社員モラール研修	0.831	オフィス環境の機能性	0.855
7	成果主義	0.781	垂直インフォーマル	0.763
8	水平フォーマル	0.776	ワイガヤな雰囲気	0.741
9	垂直フォーマル	0.771	成果主義	0.631
10	立ち寄り型オフィス	0.769	水平フォーマル	0.523
11	目標管理制度	0.758	目標管理制度	0.510
12	新入社員モラール研修	0.476	水平インフォーマル	0.500
13	オンライン申請	傾向のみ	垂直フォーマル	0.419

導入企業では，フォーマルなコミュニケーションは業務遂行上しっかり行なわれるだろうが，インフォーマル・コミュニケーションが不活発になりやすい。それゆえ，そこが活性化している状況はモラールの向上に結びつくのであろう。一方，テレワーク未導入企業では，コミュニケーションが活性化している状況よりも，管理職や新入社員に対する研修制度の充実度の方がよりワーカーのモラール向上に貢献していた。未導入企業では，とりあえずフェース・トゥ・フェースのコミュニケーションは普通に行なわれているので，それよりも学習の機会を充実させる方がワーカーのモラール向上に結びつくのであろう。これより，ワーカーのモラールに関して仮説1は採択されたといえる。

続いて，テレワーク導入企業において，その懸念や課題を解決するであろう諸施策とモラールの関係について見ていくことにする。まず目標管理制度や成果主義による人事評価制度とモラールの関係であるが，これらの施策は元来テ

レワークの導入のいかんにかかわらず,モラールの向上に結びつく施策で,**表5-4**からもそれらの項目がモラールに貢献している状況が見て取れる。D値を比較すると,テレワーク導入企業で成果主義による人事制度ならびに目標管理制度のD値が高く,貢献度がより高いという結果となった。それゆえ,モラールに関して仮説5-2,仮説5-3は採択されたといえるだろう。

　テレワーク導入企業でコミュニケーション不足を補完する施策とモラールの関係を見てみると,オフィス環境の機能性が高く,立ち寄り型オフィスの整備が進んでいるほどモラールが高かった。オフィス環境の機能性は,テレワーク未導入企業においてもモラール向上に貢献しているが,テレワーク導入企業よりもD値が高かった。オフィスワーカーに機能的なオフィスを用意することは,今や彼らのモラール向上にとって必要な条件といえるだろう。一方,テレワーカーに対しては,立ち寄り型オフィスのような従来のオフィス機能を補完する設備を合わせて整備していく必要があるといえる。以上の結果より,モラールに関して仮説5-4は採択されたといえるだろう。

　セキュリティシステムの整備状況やセキュリティルールの運用状況とモラールの関係を見てみると,テレワーク未導入企業において,これらの施策の貢献度が非常に高かった。テレワーク未導入企業では,人々のコミュニケーション上での信頼感を高めるために,これらの施策要因はより重要なものとなっているのである。これより,モラールに関して仮説5-5,仮説5-6は棄却されたといえる。テレワーク導入企業では,これらの施策が既に高い水準に達しており,既に課題ではなくなっているとも考えられる。

　ICTを利用した効率化施策とモラールの関係を見てみると,テレワーク未導入企業においてのみ,オンライン申請の導入状況がモラール向上に貢献していた[21]。テレワークが未導入であっても,オンライン申請のような業務効率化のための制度が充実していけば,それだけ特定業務に集中して取り組むことができるようになり,それがモラールの向上につながるのであろう。これより,モラールにおける仮説5-7は棄却されたといえる。

5-3-5 テレワーク導入の「ねらい」の効果

次に，テレワークを導入する際の「ねらい」に対する効果の程度とオフィスワーカーの生産性との関係について見ていくことにする。前述したように，テレワークを導入しようとする場合，それぞれの企業で「ねらい」とするものがある。そしてテレワークの導入後，そのねらいに対してテレワークが効果をもたらし，その結果がオフィスワーカーの生産性向上につながっていくと考えられる。

まず，「ねらい」の効果に関する変数とオフィスワーカーの生産性（創造性，情報交換度，モラール）との間の相関係数（0.3以上のもの）は，表5-5で示される通りとなった[22]。オフィスワーカーの生産性と有意な相関関係にあ

表5-5 テレワークの「ねらい」の効果とオフィスワーカーの生産性の相関係数

	創造性	情報交換度	モラール
効率性の向上		0.332	0.410
時間管理・自律性の向上	0.545	0.525	0.642
コミュニケーション能力の向上		0.438	0.431
オフィスコストの削減	0.361	0.356	
顧客サービスの向上			0.376
企業イメージの向上	0.417	0.341	0.530
社員の会社に対する信頼感の向上	0.404		0.391
優秀な人材の採用・定着	0.346	0.331	0.460
通勤・移動時間の短縮			
ワーク・ライフ・バランスの実現	0.315		
地球環境への負荷軽減			
災害・パンデミックへの対応			
障がい者対応			
高齢者対応			
育児・介護対応			

網掛け部分は全ての生産性指標と5％の有意水準で有意な相関がある項目。相関係数が0.3未満だった項目は空欄のままである。

表5-6 テレワークの「ねらい」の効果とオフィスワーカーの生産性

創造性	D値	情報交換度	D値	モラール	D値
優秀な人材の採用・定着	1.396	効率性の向上	1.590	優秀な人材の採用・定着	1.500
時間管理・自律性の向上	1.267	通勤・移動時間の短縮	1.460	企業イメージの向上	1.500
企業イメージの向上	1.200	時間管理・自律性の向上	1.186	効率性の向上	1.467
信頼感の向上	1.143	ワーク・ライフ・バランスの実現	1.089	信頼感の向上	1.333
オフィスコストの削減	0.978	コミュニケーション能力の向上	1.083	時間管理・自律性の向上	1.292
コミュニケーション能力の向上	0.850	ー	ー	災害・パンデミックへの対応	0.971
ワーク・ライフ・バランスの実現	0.577	ー	ー	コミュニケーション能力の向上	0.943
ー	ー	ー	ー	通勤・移動時間の短縮	0.848

るのは，仕事の計画性や時間管理に対する自律性，企業イメージの向上，優秀な人材の採用・定着，情報共有方法についてのルール化やコミュニケーション能力の向上などである。相関係数だけでは，変数間の因果関係や貢献度がはっきりしないので，続いてQAQFのD値分析を行なった。

QAQFを用いたこれらの要因間の分析結果は**表5-6**の通りである。まず，創造性の向上に貢献するのは，優秀な人材の採用や定着，仕事の計画性や時間管理に対する自律性の向上，企業イメージの向上，ワーカーの会社に対する信頼感の向上などであった。テレワークを導入することによって，企業のイメージを向上させ，優秀な人材を獲得し，彼らが自律性をもって業務に取り組み，その結果として会社に対する信頼感を向上させていけば，彼らは創造性をますます発揮することになるだろう。

また情報交換度に対しては，仕事の効率性向上や通勤・移動時間の短縮，時間管理に対する自律性の向上など業務の効率性アップに関する要因の貢献度が

高かった．テレワークを導入することで，仕事の計画性が高まり，時間管理を意識的に行なえるようになれば，自ずとコミュニケーションも活性化すると考えられる．

最後にオフィスワーカーのモラールに関してであるが，創造性の場合と同様，優秀な人材の採用や定着，企業イメージの向上，仕事の効率性向上がモラールの向上に大きく貢献していた．テレワーク導入の結果，優秀な人材が増え，彼らが自律性と会社に対する信頼感をもって効率的に業務を行なっていけば，お互い業務に専念でき，彼らのモラールは向上すると考えられる．図5-6で示すように，テレワークの導入に際して，ねらいとしてよく取り上げられるのは，通勤・移動時間の短縮や通勤困難者への対応，オフィスコストの削減など表面的なものが多い．しかし，相関分析やQAQFの結果からわかるように，通勤時間の短縮など表面的な問題解決に焦点を当てたねらいよりも，自律性や信頼感の向上など個々のワーカーの内面的な要因に焦点を当てたねらいで効果を上げていく方が，結果的に有効性に焦点を当てたオフィスワーカーの生産性向上につながっていくと考えられる．つまり，仮説5-8に関しては自律性の向上や会社に対する信頼感の向上といったワーカーの内面的な要因に焦点を当てた「ねらい」についてのみ採択されたといえるだろう．

5-4 ま と め

日本においてテレワークの導入促進が示されてから既に10年近く経過したわけであるが，それを導入している企業の数は増加しているものの，実際にテレワークを利用して業務を行なっているオフィスワーカーはそれほど多くない．その原因の1つとして考えられているのが，テレワークを導入する上での懸念や課題である．主な課題は，労務管理の難しさやコミュニケーション不足，セキュリティ面での不安，費用対効果の不明確な関係などである．本章では，テレワーク導入企業がこれらの課題を解決し，オフィスワーカーの生産性を向上させることができれば，テレワークの導入がより進むだろうという考えの下

106　第5章　テレワーク導入企業におけるオフィスワーカーの生産性向上要因

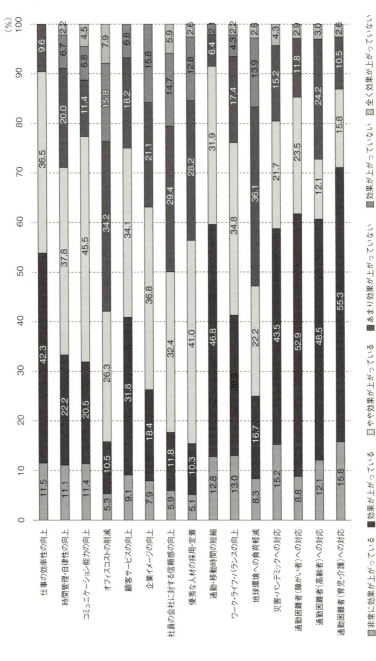

図5-6　テレワーク導入企業における「ねらい」の達成状況

で,その因果関係をアンケート調査に基づいて明らかにしてきた。

具体的には,オフィスワーカーの生産性に影響を及ぼす要因と創造性,情報交換度,モラールとの関係,そしてテレワークにおける懸念や課題の解決策とこれらの3つの指標の関係について見てきたわけであるが,分析結果より仮説の採択・棄却状況は**表5-7**のようにまとめることができる。

オフィスワーカーの生産性に影響を及ぼす諸要因はテレワークを行なっているオフィスワーカーの生産性向上にも有効であるという仮説5-1については,生産性を示すいずれの変数においても採択された。これより,筆者が示してきたオフィスワーカーの生産性向上モデルが検証されたといえる。つまり,オフィスワーカーの生産性向上をもたらすと考えられる諸要因は,テレワークの導入いかんに関係なく,その有効性は高いといえる。

仮説5-2と仮説5-3は,目標管理制度と成果主義による人事評価制度がテレワーク導入企業においてより生産性向上に貢献するという内容であった。分析結果より,テレワーク導入企業で成果主義による人事評価制度は生産性の向上により貢献していた。一方,目標管理制度は,情報交換度とモラールにおいて,テレワーク導入企業でより貢献するという結果になった。これら2つの制度は,個人の挑戦意欲や権限委譲に結びつくため,間接的に生産性指標にプラスに貢献したと考えられる。

コミュニケーションを補完する設備の整備が,テレワーク導入企業でよりオフィスワーカーの生産性向上に貢献するという仮説5-4については,オフィス環境の機能性と立ち寄り型オフィスの整備がテレワーク導入企業で生産性向上に大きく貢献していたという点では仮説通りであった。これらの変数は,テ

表5-7 仮説の採択と棄却の状況

仮説	5-1	5-2	5-3	5-4	5-5	5-6	5-7	5-8
創造性	○	×	○	○	×	×	×	△
情報交換度	○	○	○	△	△	×	○	△
モラール	○	○	○	○	×	×	×	△

出所:著者作成。

レワーク未導入企業でも，それぞれ生産性指標に貢献していたことから，オフィスワーカーの生産性を向上させるには，一定水準以上の機能的なオフィスを用意することが今や必要条件になっているといえる。またその機能的な設備も，画一的なものではなく，変化する社内外の様々なニーズに簡単に適応しうるように，柔軟なものがより求められるようになるだろう[23]。さらに，テレワーカーの自律性を尊重し，彼らの能力やニーズを反映した技術や設備を導入することも重要である[24]。

セキュリティシステムやセキュリティルールの適正な整備・運用が，テレワーク導入企業でよりオフィスワーカーの生産性向上に貢献するという仮説5-5，仮説5-6については，テレワーク未導入企業において，セキュリティシステムやセキュリティルールの適正な整備・運用が生産性向上により貢献していた。セキュリティ関連の施策はテレワーク導入企業においても重要であることに変わりはないのであるが，導入企業では既にそれらが高いレベルで確立していることが多いためか，貢献度は低くなったようである。

最後に，仮説5-7で示したICTを利用した効率化施策であるが，オンライン申請とペーパーレス化が，テレワーク導入企業においてのみ，情報交換度の向上に貢献していた。創造性とモラールにおいては，テレワーク未導入企業で，オンライン申請の貢献度が高かった。テレワーク導入企業でも貢献度が高いことから，テレワークと関係なく，オンライン申請のような施策を実施することで，業務の効率化を進めることができ，それがオフィスワーカーの生産性向上に結びつくのであろう。

次に，テレワークを導入する際にはその「ねらい」があるわけであるが，テレワーク導入後におけるその「ねらい」の効果の程度とオフィスワーカーの生産性の関係も明らかにしてきた。効果が上がっているとされる通勤時間の短縮や通勤困難者への対応などの表面的な「ねらい」で効果を上げている企業は多いのであるが，これらはほとんど生産性の向上に結びついていなかった。むしろ，時間管理に対する自律性の向上や会社に対するワーカーの信頼感の向上，企業イメージの向上，優秀な人材の定着・採用など人々の内面に訴えかけるね

らいで効果を上げている企業ほどオフィスワーカーの生産性向上を達成していた。テレワークの導入に際して，様々な「ねらい」があるわけであるが，どの「ねらい」に焦点を当て，成果を上げるかによって，生産性の向上に差が出てくることになる。

ICTのより一層の発展と普及によって，今後ますますテレワークを導入しようとする企業は増えてくるだろう。しかし，ただその制度を導入しただけで，オフィスワーカーの生産性向上を達成できるわけではない。オフィスワーカーの生産性を向上させるためには，テレワークの導入いかんにかかわらず，従来からそれに効果があると考えられている要因に焦点を当てた施策を実施することがまず必要である。そして生産性向上のためには，テレワーク導入のねらい自体も表面的なものに留まらず，個々人の内面に訴えかけるものを同時に考慮し，全体論的な立場[25]からテレワークの便益を検討することが重要なのである。

（1）2010年1月～2月に実施された（社）日本テレワーク協会による「働き方の柔軟度についてのアンケート調査」。筆者も調査委員会の一員としてこの調査に参画した。また，本章で用いた分析データはこの調査のものである。
（2）古川靖洋［2006b］pp.10-11。
（3）この数値は，「非常に効果が上がると思う」，「効果が上がると思う」，「やや効果が上がると思う」に回答した企業の合計である。
（4）古川靖洋［2006a］pp.61-84。本書においてオフィスワーカーの生産性という場合，原則として，この「有効性に焦点を当てた生産」のことを意味し，その指標としてオフィスワーカーの「創造性」，「情報交換度」，「モラール」を用いている。
（5）ここでいうモラールとは，従業員の「やる気」と「帰属意識」を合わせたものと考える。清水龍瑩［1984］p.156。
（6）太田肇［2010］p.44。
（7）Hill *et al*.［2003］p.234.
（8）Shockley-Zalabak *et al*.［2010］p.59.
（9）Shockley-Zalabak *et al*.［2010］p.114.
（10）大藪毅［2010］pp.56-57。
（11）Offstein & Morwick［2009］p.76.
（12）野村総合研究所ノンペーパー推進委員会［2010］p.182。

(13) テレワークはワークプロセスだけでなく、仕事をするタイミングやロケーションに関しての自律性を尊重した働き方であり、これがテレワーカーの態度や成果にプラスに貢献すると考えられている。Kossek et al.［2006］p.363.
(14) ピンク［2010］p.127。
(15) 守島基博［2010］p.72 & p.190。
(16) Burchell & Robin［2011］pp. 2 -11, 斎藤智文［2008］pp.21-22。
(17) Shockley-Zalabak et al.［2010］p.20.
(18) 上場企業は2010年新春版の会社四季報より全社抽出、未上場企業は会社データブック2008より売上高の多い順に抽出した。
(19) 清水龍瑩［1981］, 岡本・古川・佐藤・馬場［2012］。

　QAQFとは定性要因の定量分析法（Quantitative Analysis for Qualitative Factors）の略で、慶應義塾大学経営力評価グループによって開発された企業評価システム用分析法のことである。数字に表しにくい定性的データを定量的に分析することに優れ、重回帰分析のように各説明変数間の相関関係に影響されることなく、被説明変数に対する個々の説明変数の貢献度を測ることができる。被説明変数には企業業績のほか、モラールなどの定性的な指数を用いることができる。

　QAQFは、旧通産省の『総合経営力指標』の分析手法として1974年以来25年以上にわたって採用された。この調査の他、旧日本開発銀行、旧日本長期信用銀行、国税庁、韓国生産性本部、（財）日本総合研究所、日経ビジネス誌、日本コーポレートガバナンスフォーラムなどでの調査で広く用いられている。本書におけるアンケート調査は、オフィスワーカーの生産性（有効性）向上のための施策と生産性（有効性）指標の関係を明らかにするために行なわれたため、そのデータは公表されている数値データではなく、数値化は可能だが内容的には定性的データに近いものである。それゆえ、定性的データの解析に適したQAQFを用いることにした。

　本書におけるQAQFの具体的な手順であるが、まず表5-1で示した諸要因を反映する質問内容を含むQAQF用のアンケートを作成した。各説明変数は、それぞれ回答の分布を見た上でカテゴリーを調整した後（例えば、6段階の選択肢がある変数なので元々は6カテゴリーであるが、極端に回答数が少ないカテゴリーがある場合は、それを他のカテゴリーと統合・調整し4カテゴリーなどにする。最終的に各カテゴリーの構成比が出来るだけ同じ程度になるよう調整をする）、被説明変数との関連を見ることになる。これがQAQFの中心となるD値分析である。D値分析は、カテゴリーごとに被説明変数の平均値を計算し、各カテゴリー全ての組合せについて分散分析（平均値の差の有意検定：有意水準5％）を行ない、有意な差の最大値を当該説明変数のD値としている。ここでD値はその説明変数の被説明変数に対する貢献度を示している。被説明変数の最小値は1、最大値は6なので、D値は0から5の間の値となる。以下の表で示されているD値は、その値が大きいほど、それだけ被説明変数に対する貢献度が大きいということを意味している。もし、カテゴリー間の平均値の間に統計的に有意な差がな

ければ D 値は算出されず，その場合，当該説明変数は被説明変数に統計的に有意な影響をおよぼさないということになる。D 値はある説明変数と被説明変数の間の関係を他の説明変数との相関関係に影響されることなく，同一尺度内で算出されるため，D 値の大きさを比較することで説明変数同士の被説明変数に対する貢献度の比較が可能となっている。

(20) 古川靖洋［2006b］pp.10-11。
(21) テレワーク導入企業でも，この傾向は見て取れたが，統計的に有意な結果ではなかった。
(22)「ねらい」に関する分析には，テレワーク導入企業のみのサンプルを使用している。
(23) Chalofsky［2010］p.148.
(24) Amichai-Hamburger［2009b］p.272.
(25) Offstein & Morwick［2009］p.137.

第6章　テレワークとテレワーカーの生産性

　テレワークの実施に際して，メリットやデメリットが存在し，その状況について，企業レベルでの一次集計的な統計調査データは存在しているものの[1]，テレワークと生産性の因果関係やテレワークの生産性向上に貢献する要因の抽出などについての調査がほとんど行なわれていないことは，前章で述べた通りである。また，ワーカーを対象とした調査もあまり行なわれていない。

　そこで本章では，個々のテレワーカーの生産性と，それに影響を及ぼすであろう各種要因の関係，またワーカー個人の生産性とチームレベルの生産性の関係について，ワーク・ライフ・バランスやワーカー間のコミュニケーション，信頼関係に焦点を当て，仮説設定を行ない，その後，それらの関係を統計分析によって検証していくことにする。

6-1　テレワークと生産性の向上

6-1-1　テレワーカー個人の生産性向上

　テレワークがワーカー個人の生産性向上をもたらすと考えられる理由の1つとして，近年，ワーク・ライフ・バランスの充実がしばしば取り上げられている。ワーク・ライフ・バランスとは，「仕事と生活の調和ある働き方」のことで，1990年代にアメリカで用いられ始めたことばである。元々は80年代に，働く女性を対象とした保育サポートを中心とする施策に端を発している。その後，その対象があらゆる人々に広げられ，仕事と私生活の調和に関するニーズに柔軟に対処していこうという施策へつながっていったのである。具体的には，育児だけでなく，高齢者・障がい者の介護やキャリアアップのための援助・支援などがそれに当たる。しかし，企業がこれらを福祉的な施策として実

施したため，自らのキャリアにマイナスに作用することを恐れ，人々はこの施策をあまり利用しなかった。企業側も，福祉にあまりコストをかけたくないため，結局これらの施策はあまり注目を浴びることがなくなってしまった。

このような状況の中で，Rapoport & Bailyn[2]は，仕事と私生活のバランスは，ゼロサムゲームではなく，それらをともに充実させ，win-winの関係をもたらす方策を考えるために，大々的な調査研究を行なった。彼らは，この研究において，「仕事と私生活の分離は，経営目標とワーカー個人の目標の双方を蝕み，業務の効率性と家庭生活にともに悪影響を及ぼすこと」，「仕事と私生活の統合に反する古くからの因習や文化的信念を取り去る過程において，ワーカーたちはより創造性を発揮すること」，「仕事と私生活の統合を導く方法を構築することで，ワーカーはニーズを満たし，企業はよりよい財務成果を得ることができること」などを見出している。また，Friedman et al.[3]は，ワーカーの仕事と私生活にバランスがとれるように，管理者が尽力すれば，ワーカーの私生活がより満足できるものになるだけでなく，ワークプロセスにおける非効率が明らかになり，効率的業務のための改善につながると述べている。

ワーク・ライフ・バランスの具体的な施策であるが，労働時間に配慮した制度としては，在宅勤務制度（テレワーク）の他に，フレックスタイム制や裁量労働制，長期連続休暇制度などがある。このうち，在宅勤務制度や裁量労働制度などは，就業場所に配慮した制度でもある。この他に，育児手当や介護費補助制度などのような金銭的に配慮した制度もある[4]。このように，本書で扱っているテレワークは，ワーク・ライフ・バランスを充実させるための諸施策の一構成要素なのである。

テレワークを実施することによって，通勤時間を短縮することができ，業務を行なっているときに他人から干渉を受けることなく各自の業務に集中することができるようになる。またテレワークは，ワーカーの私生活上の心配事を抑制するので，各自は私生活を充実することができるようになり，ストレスが低まると考えられる。このようにテレワークによって，業務上の無駄が少なくなり，各自がより効率的に業務に集中できるようになる。その結果，テレワー

カー個人の生産性は高まると考えられる。そこで以下の仮説が導出できる。

　仮説6-1：テレワークによって，集中可能な時間が増大するほど，テレワーカー個人の創造的業務の生産性は向上する。

　オフィスワーカーは，通常，定型的業務と創造的業務を行なっているのであるが，従来型のオフィスでは，これらの業務が渾然一体となって行なわれることが多く，これが生産性向上を抑制する要因の1つと考えられている[5]。彼らがテレワークを利用することによって，創造的業務に取り組んでいる際に定型的業務に煩わされることが少なくなり，創造的業務の機会が増大すると考えられる。創造的業務に落ち着いて取り組める機会自体が増大しないと，その生産性の向上に結びつかないと思われる。そこで以下の仮説が導出できる。

　仮説6-2：テレワークによって，創造的業務のための機会が増大するほど，テレワーカー個人の生産性は向上する。

　また，テレワークを実施する場合，管理上，各テレワーカーはオフィス勤務時とテレワーク時の業務内容を従来よりも明確にしておく必要がある。その結果，業務内容にかかわらず，やるべきことがはっきりし，業務上の曖昧な点がより明らかになるためメリハリがつき，一方の職場での生産性が向上すれば，他方の職場での生産性も向上すると考えられる。そこで以下の仮説が導出できる。

　仮説6-3：テレワーカー個人のテレワーク時の生産性とオフィス勤務時の生産性はプラスの相関関係にある。

　また，各自の業務内容が明確になることによって，定型的業務と創造的業務をきちんと峻別してより効率的に行なえるようになるため，一方の業務の生産

性向上が他方の業務の生産性向上に貢献すると考えられる。そこで以下の仮説が導出できる。

仮説6-4：テレワーカー個人の定型的業務の生産性と創造的業務の生産性はプラスの相関関係にある。

テレワーカー個人の生産性に関しては，以上のような仮説を導出できた。後ほど，アンケート調査の結果を用いて，これらの仮説を具体的に検証することにする。

6-1-2 チームの生産性向上

前述したように，テレワークによって個々のテレワーカーのワーク・ライフ・バランスがそれぞれ最適な状況に近づくならば，それに従って個人レベルの生産性は向上すると考えられる。ただ，いくら業務の細分化が進んだとしても，企業内の全ての業務を個人単位でこなしていくということはありえない。ある程度の大きさのチームやグループが形成され，そのチームに対して大まかな業務を振り分けることが一般的である。個人は，そのチームの中で，業務の一部を受けもつことになる。それゆえ，個人の生産性が向上し，さらにその人が属するチームの生産性も向上しなければならないのである。単純に考えると，個々のワーカーの生産性が向上すれば，チーム全体のそれも向上しそうなものであるが，チームレベルの業務は，個々のワーカー間の協調と調整の上に成り立つものである。個々人が勝手な行動をとるとマイナスのシナジーが生じ，チームレベルでの生産性低下を招いてしまうことになりかねない。

そこで，チーム内での業務の協調を円滑に進めるに当たって，重要な要因はメンバー相互間のコミュニケーションである。従来型の組織やチームでは，各メンバーが，原則的に，時空を共有するため，コミュニケーションは基本的にフェース・トゥ・フェースで行なわれる。フェース・トゥ・フェースのコミュニケーションでは，メンバーが同一の場所に存在することから，一瞬にして多

量の情報が流れ,真剣さや意図などの心理的刺激が伝わりやすい[6]。また,フェース・トゥ・フェースのコミュニケーションは,リッチなメディアといわれ,曖昧性や多義性を含んだ情報でも適切に伝達することができるともいわれている[7]。それゆえ,フェース・トゥ・フェースは情報交換の効率がよいコミュニケーションなのである[8]。

一方,テレワークでは,フェース・トゥ・フェースによるコミュニケーションの機会が制限され,電子メールやwebカメラ,電話,FAXなどを用いたコミュニケーションがそれに代替することになる。つまり,フェース・トゥ・フェースのコミュニケーションの場合よりも情報交換の効率が悪化することになる。この点だけを考えると,テレワークを導入する理由はなくなってしまうが,他の様々なメリットを考えると,テレワークの導入は,やはり企業にとって魅力的である。そこでこのデメリットを克服する施策を考えてみることにする。

業務にテレワークを利用する場合,前述したように,曖昧性や多義性を含んだ情報を扱うと,その内容の確認や統一などがうまくいかず,コミュニケーションが非効率になってしまう。ウォレス[9]は,物理的に共存しないと,自ずと同調傾向が弱まるとし,インターネットの利用者はこれを補うべく,強引な方法で同調を促し,集団が無秩序になるのを防いでいると述べている。では,同調を促す方法として何が考えられるのであろうか。まず,テレワークでは,主として同調しやすい曖昧性や多義性の低い内容の情報を扱うことが重要となる。Nohria & Eccles[10]は,電子媒体による情報交換は,身近な状況が確実で,曖昧でない時,必要な行動が標準的で,ルーチンな時などにフェース・トゥ・フェースのインタラクションに代替しうると主張している。つまり,日常の定型的業務で扱われている内容の情報交換や形式知の結合をテレワークで行なえば,それらの内容は比較的明確で,文書化しやすいため,相手にそれが正確に伝わりやすく,情報の新結合を促し,コミュニケーションの効率が高まると考えられる。第3章で述べたように,情報の内容と使用するメディアが合致すれば,自ずと成果につながると筆者は考えている。

そして，テレワークで比較的明確な内容の情報を扱うためには，やはり，フェース・トゥ・フェースによるコミュニケーションが必要であると考える。テレワークを実施する前，そして実施中に，個々のワーカーの業務内容の確認，全体の業務と個々の業務の調整などを定期的に図ることが重要である。このように定期的なフェース・トゥ・フェースのコミュニケーションによって，ばらばらになりがちな個々のワーカーの業務ベクトルを合わせるのである。また，同時に管理職は業務の目標や成果をしっかりと各テレワーカーに説明・フィードバックする必要がある。管理職が明確な方向を示し，それに基づいて，各テレワーカーがお互いに調整して，それぞれのスケジュールを十分に作り上げ，それを維持できるように努力することが必要である。さらに，テレワーカーが存在しているチームでは，日々の業務終了前に，メンバーがそれぞれの業務の進捗状況や次の日の予定などを報告することも重要になるだろう[11]。Apgar IV[12]も，テレコミューティング（テレワーク）は，伝統的な職場に代替するものではなく，むしろそれを補完するものであると主張している。

このように，テレワークとフェース・トゥ・フェースのコミュニケーションは，それぞれ独立な存在ではなく，補完的な存在である。テレワークを実施する場合は，通常の業務形態・オフィス形態の場合以上に，業務内容に関して事前の確認と調整が必要となる。フェース・トゥ・フェースのコミュニケーションの機会は，形式的なものであったり，制限されるものではない。管理職もしくはチームメンバーが必要と考えれば，いつでも行なえばよいのである。そして，個々の業務内容が十分確認された後にテレワークを行なえば，明確な内容の情報が流れるため，効率的な情報交換ができ，チームの生産性向上につながると考えられる。そして，テレワーカーの生産性の向上が，マイナスのシナジーを生むことなく，チームの生産性向上に結びついていくと思われる。そこで以下の仮説が導出できる。

仮説6-5：フェース・トゥ・フェースのコミュニケーション機会が多いほど，チームの生産性は向上する。

仮説6-6：テレワーカー個人の生産性の向上とチームの生産性の向上はプラスの相関関係にある。

オンラインを利用したコミュニケーションとフェース・トゥ・フェースによるコミュニケーションが共存するテレワークにおいて，人々が従来型の組織やチームと同等以上に効率的にコミュニケーションを行なうために必要なのは，メンバー相互の信頼関係である[13]。メンバー間に信頼関係がなければ，プアなメディアを用いるテレワークでは，行間を読むような重要な情報やカギとなる情報は決して回ってこないだろう。フクヤマ[14]は，ネットワークが効率的に作用するためには，その基盤としてメンバー間に高度な信頼や共通の倫理的行動規範がなければならないと述べている。また Nemiro[15]は，信頼はバーチャルチームの有効性に対して最も有効な要因であると述べている。

ただ，信頼は元からそのチームや組織に備わっているものではなく，コミットメントと誠実さを通して長期的・継続的に育てられるものである。そのためにも，前述したようなフェース・トゥ・フェースでコミュニケーションを行なえる機会が必要であり，そこでメンバーが自発的に他のメンバーからの信頼を得るように行動することが重要になるのである。Clases et al.[16]は，バーチャル組織における信頼関係の成立は，共通の経験や知識交換グループのような，メンバー間のフェース・トゥ・フェースを伴なう遭遇に依存すると主張している。Scott[17]も同様に，共通の情報や経験，パートナーシップにおける相互作用，共同知識，創造活動などが情緒的な信頼につながると述べている。また，Kurland & Bailey[18]は，本質的なバーチャル・コミュニケーションを強化するには，フェース・トゥ・フェースの交流を通して信頼感を確立することが重要であると主張している。これまで述べてきたように，フェース・トゥ・フェースのコミュニケーションは，曖昧な情報を明確にするだけでなく，その過程において，メンバー間の信頼関係をも醸成するのである。

山岸[19]によると，信頼には2種類あり，1つ目は「相手の能力に対する期待としての信頼」であり，もう1つは「相手の意図に対する期待としての信

頼」である。前者は，ある個人が相手の期待することをきちんと行なう能力があるということに基づく信頼であり，後者は，相手が期待することをやる気が根本的にあるということに基づく信頼である。組織やチームのあるメンバーが他のメンバーに信頼されるためには，特定の事柄に対する能力をもち，もしくはもつように日々努力し，やる気をもって能力発揮できる分野に取り組む姿勢が必要なのである。

そして，ひとたび組織やチーム内に信頼関係が確立すると，それは競争優位をもたらす非常に重要な戦略的要因となる。まず，チーム内に信頼関係が形成されると，コミュニケーションはますます円滑に行なわれるようになるだろう。また，Levering[20]は，情報の共有や上下間の意志の疎通のあるコミュニケーションに基づいた，高度の信頼がある職場は，それがない職場よりも，高い業績を達成することを実際の財務データから示している。Mayer & Gavin[21]は，ワーカーの上司に対する信頼は，価値創造行動に焦点を当てたワーカー能力とプラスに関係し，その結果，業務上の業績にもプラスに貢献することを実証分析により主張している。また野中[22]は，社員同士が相互理解し，信頼関係が成立している企業では，業務が迅速かつスムーズに行なわれ，生産性や創造性も高いと主張している。

以上述べてきたように，フェース・トゥ・フェースのコミュニケーションを有効に用いることでメンバー相互間の信頼感が次第に醸成され，その信頼感に基づいて，ますます効率的・有効的にコミュニケーションが行なわれることになる。そして，その結果，業務がより一層円滑に行なわれるようになり，チームの生産性や企業業績の向上につながっていくと考えられるのである。そこで以下の仮説が導出できる。

仮説6-7：チームのメンバー間のコミュニケーションが活発であるほど，その信頼感は高まる。

仮説6-8：チームメンバー相互間の信頼感が高いほど，チームの生産性は向上する。

6-2　アンケート調査に基づく実証分析

6-2-1　調査の概要

　それでは，テレワークの実施と，それがホワイトカラーの生産性に及ぼす効果と影響などについて，詳しく見ていくことにする。本章で扱う内容は，厚生労働省からの委託で（社）日本テレワーク協会が実施した「在宅勤務の効果に関する実証実験」の調査結果の一部である[23]。

　調査の概要であるが，2005年9月以降4ヶ月にわたり，テレワークを導入している17社128名に対して3回のアンケート調査を継続的に実施した。アンケートの具体的内容（抜粋）は，巻末のAppendix 3を参照されたい。この調査にはIT系企業の他，メーカーや地方自治体に勤務する人が参加していた。また参加者の職種であるが，事務職21.9％，SE職20.3％，研究開発職14.8％，管理職13.3％とこちらも多岐にわたっている。回答者のテレワーク経験については，経験ありが62.5％で，経験なしが37.5％であった。

　また，男女比であるが，男性52.3％，女性47.7％とほぼ拮抗する状況になっていた。テレワークは，かつて育児や介護などの負担軽減のために行なわれるという考えが中心であったため，女性の方がより多くテレワークを実施しているのではないかと思われるが，実際には男性のテレワーカーもかなり多く存在し，多様な形でテレワークが実施されている状況が見て取れる。年齢層については，35～39歳が最も多く（25.8％），40～44歳（24.2％），30～34歳（19.5％）がそれに続いていた。ワーク・ライフ・バランスが必要な年齢層が積極的にテレワークを利用しているものと思われる。

　テレワークの実施頻度は**図6-1**に示す通りである。調査時期によって差はあるが，1ヶ月のうちに1日ないし2日というごくわずかにしかテレワークを行なわなかったグループ（平均で17.6％）と，6日～10日（週当たり1日～2日）テレワークを行なったというグループ（平均で17.0％）に回答が集中してい

図6-1　在宅勤務の実施頻度

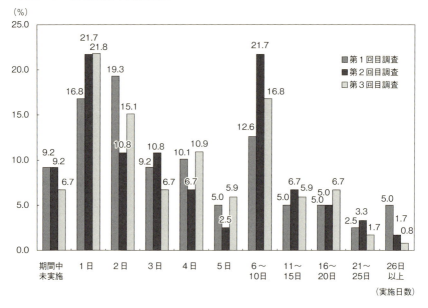

た。1ヶ月のうちほとんどをテレワークによって業務を行なう人は平均で2.5％程度であった。一般的にテレワークというと，定常的に自宅やテレワークセンターなどで業務をこなし，会社にはほとんど出社しないと思われているが，実際にはそのような形態で業務を行なっている人はほとんどいないのである。また，テレワーク実施日の決め方についてであるが（図6-2），アドホック（非定期的）に実施したと回答した者が最も多く（平均で54.2％），曜日を決めるなど固定的に実施したと回答した者がそれに次いでいた（平均で29.9％）。実際の実施日数が1日〜2日に回答が集中していたのは，今回初めてテレワークによって業務を行なった人が，非定期的にその実施日を決めなければならなかったためと考えられよう。

　では，3回のアンケート調査から得られたパネルデータを用いて相関分析を行ない，テレワークと生産性の関係をより詳しく見ていくことにする。本調査でのテレワーカーの生産性の測定についてであるが，回答者に対して，定型的

図6-2 在宅勤務日の決め方

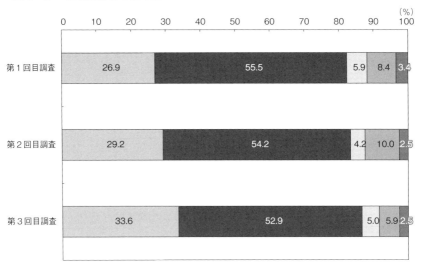

業務と創造的業務それぞれの生産性が、どの程度向上したか（低下したか）を直接尋ねている。そのため、データは主観的な数値となるが、現時点では、テレワーカー個人の生産性の程度を測る指標が確立していないため、このような方法をとるしかない。

まず、4ヶ月間のテレワークの実施により総合的に業務の生産性が非常に向上したと回答した人は20.0%、やや向上したと回答した人は54.2%存在していた。テレワークを実施した人のおおむね4分の3が生産性の向上を実感していた[24]。

6-2-2 テレワーカー個人の生産性の状況

次に、前述してきた諸仮説を相関分析によって検証していくことにする。まず、テレワークによる集中可能な時間の増大とテレワーカー個人の生産性との関係について見ていくことにする。テレワーカーの業務を定型的業務と創造的

業務に分け，それぞれ共に，テレワーク時に集中可能な時間が多くなったと回答した人はテレワーク時の生産性も高いという結果になった（**表6-1**）。テレワークにより，他人からの業務中の干渉を回避でき，それが生産性の向上につながっているのであろう。

また，創造的業務に関しては，創造的業務の機会の増加とテレワーカー個人の創造的業務の生産性の向上との間に有意なプラスの相関関係があった（**表6-2**）。つまり，テレワークによって，創造的業務に集中できる機会が増加すれば，じっくりと創造的思考をすることができ，それがその業務の生産性向上につながっていくと考えられる。これより，仮説6-1と仮説6-2は検証されたといえる。

次に，各テレワーカー個人のテレワーク時の生産性とオフィス勤務時の生産性の関係についてであるが，定型的業務・創造的業務の違いにかかわらず，テレワーク時の生産性が向上していると回答した人は，一貫して，同時にオフィス勤務時の生産性も向上していることを示す，強いプラスの相関関係があった（**表6-3**）。これは，テレワークの実施により，各テレワーカーの業務内容が明確になるため，業務の場所にかかわらず，より効率的に業務に取り組むことができるようになり，生産性の向上に貢献しているためだと思われる。これより，仮説6-3は検証されたといえる。

各テレワーカーの定型的業務の生産性と創造的業務の生産性の関係について

表6-1 テレワーク時の集中可能な時間とテレワーカー個人の生産性との相関係数

	定型的業務	創造的業務
第1回目調査	0.348	0.523
第2回目調査	0.380	0.442
第3回目調査	0.420	0.597

数値は，相関係数。いずれの値も，5％の有意水準で統計的に有意である。以下の表および数値においても同様。

表6-2 創造的業務の機会の増加とテレワーカー個人の創造的業務の生産性との相関係数

第1回目調査	0.492
第2回目調査	0.527
第3回目調査	0.432

表6-3 テレワーカー個人のテレワーク時の生産性とオフィス勤務時の生産性との相関係数

	定型的業務	創造的業務
第1回目調査	0.791	0.866
第2回目調査	0.774	0.817
第3回目調査	0.476	0.703

表6-4 テレワーカー個人の定型的業務の生産性と創造的業務の生産性との相関係数

第1回目調査	0.202
第2回目調査	0.334
第3回目調査	0.556

であるが，結果は一貫して，お互いの変数間にプラスの相関関係があった。また，テレワークの実施期間が長くなるにつれて，相関係数の値も大きくなっていた（表6-4）。つまり，定型的業務であれ，創造的業務であれ，いずれかの業務の生産性が向上すれば，他方の業務の生産性も向上する傾向があるといえる。従って，業務の違いに関係なく，テレワークを自分なりにうまくこなせるようになり，生産性が高まったと感じれば，全体的な個人業務の生産性向上につながると考えられる。これより，仮説6-4は検証されたといえる。

6-2-3 チームの生産性の状況

次に，チームの生産性向上に影響を及ぼすと考えられる諸要因を見ていくことにする。まず，テレワーク時における，チームメンバー間のコミュニケーション状況とチームの生産性との関係であるが，同僚・上司との直接的なコミュニケーションが増加している場合，チームの生産性が向上する傾向が弱いながらもあった。また，業務上のフォーマル・コミュニケーションがとりやすくなっている場合には，チームの生産性が向上するという傾向があった。一方，インフォーマル・コミュニケーションはチームの生産性向上とはあまり関係がなかった（表6-5）。つまり，テレワーク時にチームの生産性を向上させるためには，フォーマルな形で行なわれる良好なチーム内コミュニケーション，つまりフェース・トゥ・フェースに基づいたコミュニケーションが，必要だといえるのである。これより，仮説6-5は弱いながらも検証されたといえ

126   第6章　テレワークとテレワーカーの生産性

表6-5　テレワーク時における，コミュニケーション状況とチームの生産性との相関係数

	同僚とのコミュニケーション	上司とのコミュニケーション	業務上のフォーマル・コミュニケーション	業務上のインフォーマル・コミュニケーション
第1回目調査	0.230	ns	0.331	0.233
第2回目調査	0.226	0.223	0.250	ns
第3回目調査	ns	0.220	0.345	ns

るだろう。

　テレワークの実施により，テレワーカー個人の生産性が上がったとしても，業務の協調や調整などがうまくできていなければ，マイナスのシナジーを生み，必ずしもチームの生産性向上に結びつくとはいえない。しかし，きちんと調整ができていれば，お互いの生産性はプラスに相関するであろう。そこでこの関係について分析を行なった。結果は，業務の内容にかかわらず，テレワーク時にテレワーカー個人の生産性が向上していると，その人の属するチームの生産性も向上しているというものだった（表6-6）。テレワークは，個人レベルだけでなく，チームレベルにおいても生産性の向上にも貢献すると考えられる。この傾向は，定型的業務においてより顕著であった。創造的業務は，定型的業務に比べて，個人の創意工夫に依拠して行なわれることが多いためか，チームの生産性との関係は定型的業務ほど強くないようである。これより，仮説6-6は検証されたといえる。

表6-6　テレワーク時のテレワーカー個人の生産性とチームの生産性との相関係数

	定型的業務	創造的業務
第1回目調査	0.420	ns
第2回目調査	0.349	0.283
第3回目調査	0.414	0.286

6-2-4 テレワーカーの信頼感と生産性

続いて，テレワーク時における，メンバー相互のコミュニケーション状況と信頼感の関係について見てみた．すると，テレワーク開始当初は有意な相関関係は見られなかったのであるが，テレワークの実施期間が長くなるにつれ，まず業務上のフォーマル・コミュニケーションと信頼感の間に有意な相関関係が見られるようになり，第3回の調査時においては，それに加えて，同僚・上司とのコミュニケーションの間にも有意な相関関係が見られるようになった（**表6-7**）．結果が安定しなかったのは，サンプルにテレワーク未経験者が4割弱含まれていたことも関係していると考えられる．テレワーク成功のカギは，メンバー相互間の信頼感の醸成にあると筆者は考えているのだが，そのためには，業務上のフォーマル・コミュニケーションを軸にして，同僚ならびに上司とのコミュニケーションを活性化することがまず必要と考えられる．ただ，今回の調査からもわかるように，短期間で信頼関係を作り上げるのは難しい．業務内容の調整に関して根気よくフェース・トゥ・フェースのコミュニケーションを重ねれば，その過程で信頼感が次第に醸成されていくのである．ただ，インフォーマル・コミュニケーションは，一般に考えられているほど，信頼感の醸成には貢献しないようであった．これより，弱いながらも仮説6-7は検証されたといえる．

テレワークを実施すると，フェース・トゥ・フェースのコミュニケーション

表6-7 テレワーク時における，メンバー相互のコミュニケーション状況と信頼感との相関係数

	同僚とのコミュニケーション	上司とのコミュニケーション	業務上のフォーマル・コミュニケーション	業務上のインフォーマル・コミュニケーション
第1回目調査	ns	ns	ns	ns
第2回目調査	ns	ns	0.323	ns
第3回目調査	0.232	0.194	0.291	ns

の機会が減少し，従来のコミュニケーション状況に大きな変化が起こることは前述した通りである。そのような状況下にあっても，フェース・トゥ・フェースのコミュニケーションの機会を積極的に作り，信頼感を醸成していかなければならない。では，具体的にメンバー間のコミュニケーション状況がどのような状況になっているかを見てみると，上司との直接コミュニケーションが増加している人は，同僚との直接コミュニケーションも増加し，会議の頻度も増加していた。その一方で，電話や電子メールの回数は減少していた（表6-8）。また，同僚との直接コミュニケーションが増加している人は，会議の頻度も増加していたがその一方で，電話や電子メールの回数は減少していた（表6-9）。

　実際，テレワークの実施により，フェース・トゥ・フェースでコミュニケーションを行なう機会が減少しているが，直接会える機会に，業務内容の明確化を積極的に図っている状況がこの相関係数から見て取れる。頻度は少なくても，上司や同僚とフェース・トゥ・フェースのコミュニケーションを行なう時に，しっかりと業務内容が確認されるため，電話や電子メールの頻度は減少傾

表6-8 テレワーク実施時における，上司とのコミュニケーション頻度と諸変数のと相関係数

	同僚とのコミュニケーション頻度	会議の頻度	電話や電子メールの回数
第1回目調査	0.531	0.313	-0.325
第2回目調査	0.472	0.350	-0.163
第3回目調査	0.609	0.403	-0.253

網掛けされている数値は10％の有意水準で統計的に有意であることを示している。以下同様。

表6-9 テレワーク実施時における，同僚とのコミュニケーション頻度と諸変数との相関係数

	会議の頻度	電話や電子メールの回数
第1回目調査	0.258	-0.262
第2回目調査	0.201	-0.169
第3回目調査	0.514	-0.209

表6-10 メンバー相互の信頼感とチームの生産性との相関係数

第1回目調査	0.360
第2回目調査	0.526
第3回目調査	0.449

向にあると考えられる。

最後に，メンバー相互の信頼感とチームの生産性の関係を見たところ，一貫して，メンバー相互の高い信頼感は，チームの生産性とプラスの相関関係があった（表6-10）。つまり，テレワーク時のチームの生産性向上には，メンバー間の高い信頼感が大いに貢献する要因だと考えられる。これより，仮説6-8は検証されたといえる。前述したように，メンバー間の信頼感は一朝一夕には醸成できない。数は少なくてもフェース・トゥ・フェースのコミュニケーションの機会を意図的に作り，それらを利用してメンバー間の信頼関係を順次確立していくことが，テレワーク成功のためには必要なのである。

6-3 まとめ

本章では，近年関心が高まってきているテレワークに関して，個々のテレワーカーの生産性と彼らが属するチームの生産性に焦点を当てて考察してきた。前者との関係については，ワーカーのワーク・ライフ・バランスを充実させ，彼らの生産性を向上させる1つの手段としてテレワークを取り上げた。テレワークの実施により，私生活上のストレスを軽減させることが可能になるため，従来よりも集中して各自の業務に取り組めるようになり，その結果，個々のテレワーカーの生産性は向上すると予想できる。

一方，チームの生産性については，テレワークの実施によりフェース・トゥ・フェースのコミュニケーションの機会が減少し，意思疎通や効率的な情報交換などの面で，チームの生産性に悪影響を及ぼすのではないかという懸念

がある。このデメリットを克服するために，業務に着手する前，そして業務を行なっている途中の段階で，フェース・トゥ・フェースのコミュニケーションの機会を積極的に作り，メンバーの業務に関する内容や意識のベクトル合わせをする施策が必要になると考えられる。これによって，それぞれのメンバーが取り組んでいる業務内容がより明確になり，メンバーそれぞれが効率的に業務に取り組むことができるようになり，それがチームの生産性向上につながると考えられるのである。また，この過程において，メンバー間の信頼感が次第に醸成され，それがまたチームの生産性の向上に貢献すると予想できる。

以上のような考え方に基づき，仮説を構築し，これを検証するために，実際にテレワークを行なっている人々を対象とするアンケート調査を実施した。相関分析の結果，本章で示した仮説6-1～仮説6-8をおおむね検証することができた。具体的にいうと，個々のテレワーカーの生産性については，テレワークの実施により，業務に集中できる時間や機会が増大し，定型的業務・創造的業務の違いに関係なく，集中できる状況が生産性の向上に貢献していることがわかった。また，テレワーク時に行なう業務内容と，オフィス勤務時に行なう業務内容がそれぞれ明確になるため，一方の生産性向上が他方の生産性向上にプラスに作用することも見て取れた。

また，チームの生産性については，上司や同僚とのフェース・トゥ・フェースのコミュニケーションの機会が多いほど，チームの生産性が高まり，信頼感の醸成にも貢献することがわかった。そして，この信頼感の高まりがチームの生産性の向上とプラスの関係にあることも同時に見出された。

このように，テレワークを導入する場合，業務内容を明確にし，フェース・トゥ・フェースによるコミュニケーションの機会を積極的に作ることで，個人ならびにチームの生産性向上に結びつくことが明らかにされたことからも，テレワークは今後ますます魅力的な施策と考えられるのである。

（1）例えば，日本テレワーク協会［2013］
（2）Rapoport & Bailyn［1996］pp.6-7.

(3) Friedman *et al.*［1998］p. 129.
(4) これからの賃金制度のあり方に関する研究会［2005］pp.6-7。
(5) 古川靖洋［2002a］pp.58-63。
(6) 伊丹敬之［2005］p.29。
(7) 古川靖洋［2003］pp.26-30。
(8) 伊丹敬之［2005］p.29。
(9) ウォレス［2001］p.87。
(10) Nohria & Eccles［1992］p.299.
(11) "Telework : When It Works and When It Doesn't," *IOMA's Report on Managing Benefits Plans*, Vol.15, No.7, pp.14-15, 2005.
(12) Apgar IV［1998］p.124.
(13) 古川靖洋［2003］pp.34-37。
(14) フクヤマ［1996］p.295。
(15) Nemiro［2004］p.48.
(16) Clases *et al.*［2003］p.20.
(17) Scott［2000］p.84.
(18) Kurland & Bailey［1999］p.65.
(19) 山岸俊男［1999］p.13。他に，Sako［2002］でも同様の信頼が示されている。
(20) Levering［2000］pp.263-266.
(21) Mayer & Gavin［2005］p.883.
(22) 野中郁次郎［2006］p.169。
(23) 社団法人日本テレワーク協会［2006a］本章の内容は，平成17年度厚生労働省委託事業「在宅勤務の推進のための実証実験モデル事業」調査の結果の一部を利用している。筆者は，当該調査の検討委員会メンバーとして，調査に参加した。
(24) 社団法人日本テレワーク協会［2006a］pp.76-77。

第7章 テレワークとオフィスワーカーの動機づけ

本章では,テレワーク導入企業で働くオフィスワーカーと彼らを動機づけるための施策の関係に焦点を当て,テレワークの導入状況によってワーカーのモラールに違いが生じるのか,そしてテレワーク導入企業で働くワーカーと未導入企業で働くワーカーに対して,有効な動機づけ施策に差があるのか,もしあるとすればそれは何かについて論を展開していく。企業側が適切な動機づけ施策をワーカーに対して実施すれば,ワーカーは動機づけ行動[1]を起こし,その結果,ワーカーのモラールは向上することになる。

7-1 テレワークの導入とオフィスワーカーの動機づけ

7-1-1 動機づけ施策としてのテレワーク

テレワークを将来の一般的な労働形態の1つと考え,企業がそれを積極的に導入するようになるためには,そのメリットの1つと考えられているオフィスワーカーのモラール向上がテレワークの導入によって実際に達成されなければならない。ただ,テレワークの導入とモラールの直接的関係について調査・研究したものはそれほど多くない。例えば,Hill *et al.*[2]は,IBMの西海岸地域で働くテレワーカー249人を対象にアンケート調査を行ない,相関分析と重回帰分析によってテレワーカーのモラールに影響を及ぼす要因を分析している。その結果より,モラールとプラスの相関があるのは,生産性の高さ,チームワークの良さ,ワーク・ライフ・バランスの良さで,テレワーク導入自体のモラールに対する影響は見出せなかった。McCloskey[3]も同様に,カリフォルニア州でテレワークを行なっている企業に勤務する160名(テレワーカー89名,非テレワーカー71名)を対象にアンケート調査を行ない,ステップワイズ重回帰

分析の結果から，テレワークのようなワークアレンジメントの有無だけで，従業員の職務満足や業務上の経験にプラスの影響を及ぼしうると期待するべきではないと結論づけている。

また，テレワークの導入は企業における ICT 環境の整備の一環と考えられ，ハード面での改善が生産性の向上を直接もたらすのではないかという考えもある。もしこの考え方が事実であれば，テレワークが導入されている企業で働くワーカーのモラールの方が未導入企業で働くワーカーのそれよりも高くなると考えられる。この考えに対して古川[4]は，ICT 環境の整備のようなハード面でのオフィス環境の整備や改善は，あくまでもオフィスワーカーの生産性向上のための必要条件なので，それだけで生産性[5]の向上に結びつくわけではないと主張している。即ち，テレワークの導入状況の違いによって，ワーカーのモラールに差は生じないと考えられるのである。以上のことを踏まえて，次の仮説を設定する。

仮説 7-1：テレワーク導入企業で働くオフィスワーカーと未導入企業で働くオフィスワーカーのモラールには差がない。

7-1-2 オフィスワーカーの動機づけ施策

仮説 7-1 のように，テレワークの導入自体がワーカーのモラールの差に影響を及ぼさないのであれば，テレワーク導入企業において，彼らのモラールを向上させるためには，十分条件となるモラール向上のための動機づけ施策を別途考える必要がある。

第5章で示したように，筆者は，上場・未上場企業合わせて171社を対象にアンケート調査を行ない，第5章の**表5-1**で示すワーカーのモラール向上に影響を及ぼす要因を反映した動機づけ施策の実施が，企業におけるテレワークの導入・未導入にかかわらず同様に有効であることを見出している。その分析では，企業レベルのデータを用いたので，本章では，オフィスワーカーレベル

のデータを用いて施策の効果を同様に検証してみたい[6]。そこで以下の仮説を設定する。

> 仮説7-2：オフィスワーカーの動機づけのための諸施策の実施は，テレワーク導入・未導入にかかわらず彼らのモラール向上にプラスの貢献をする。

7-1-3　テレワーク導入企業における動機づけ施策としての自律性の向上

　仮説7-2では第5章の**表5-1**で示された要因を反映した動機づけ施策がテレワークの導入・未導入にかかわらず，オフィスワーカーに対して同様にプラスの貢献をすると仮定しているわけなのだが，テレワークは物理的なオフィス環境だけでなく，個々の従業員の働き方そのもの自体をも変えるものである。また，特定の要因に焦点を当てた動機づけ施策がモラールの向上に貢献したとする先行研究もいくつか存在している。それゆえ，**表5-1**で示された要因の中で，テレワーク未導入企業よりも導入企業において，ワーカーのモラール向上により大きな効果をもたらすものが存在するとも考えられる。

　まず，テレワークのメリットがワーカーのモラール向上へプラスの影響を及ぼす状況を考えてみよう。テレワークは，上司や同僚と一定の時間離れて仕事をするため，高い自律性がより求められ，またテレワークによってそれがさらに醸成されることになる。Hackman & Oldham[7]は，自律性は作業結果に対する責任感という心理状況につながり，さらにワーカーの職務満足の向上をもたらすことから，最終的にモラールの向上につながると主張している。また，Reinholt *et al.*[8]は，コンサルティング会社で働く従業員705名を対象にアンケート調査を行ない，自律的な動機づけ施策と知識の共有の関係をステップワイズ重回帰分析によって明らかにしている。その結果より，ワーカーの自律性や彼らの能力を伸ばすためのジョブデザインは，内発的なモラール向上を大いにもたらし，それが知識共有を促すと述べている。以上のことより，次の仮説

を設定する。

　　仮説7-3：動機づけ施策としてのオフィスワーカーの自律性向上は，テレワーク導入企業で働くオフィスワーカーのモラール向上により大きく貢献する。

7-1-4　テレワーク導入企業における動機づけ施策としての権限委譲

　また，テレワークは従来の働き方に比べて，ワーカーにより多くの権限を委譲する働き方である。フェファー[9]は，ワーカーに対して積極的に権限委譲することによって，彼らの労働意欲と組織力を高め，それが最終的に企業の収益性や生産性の向上をもたらすと主張している。Kanradt et al.[10]は，テレワーカー54人を対象にアンケート調査を行ない，権限委譲を前提とした管理コンセプト（ここでは目標管理制度）がテレワーカーの職務満足に及ぼす影響を分析している。その結果，明確な目標やより多いフィードバック，高度の参画を伴った権限委譲制度を認められているワーカーは，より高い職務満足感を示すことが明らかになっている。Richter et al.[11]も，テレワーカー68人を対象にしたアンケート調査を行ない，チーム組織において権限委譲を積極的に行なうことが，職務満足にプラスに貢献することを見出している。以上のことより次の仮説を設定する。

　　仮説7-4：動機づけ施策としてのワーカーへの権限委譲は，テレワーク導入企業で働くオフィスワーカーのモラール向上により大きく貢献する。

7-1-5　テレワーク導入企業における動機づけ施策としてのコミュニケーションの活性化

　第2章で述べたように，テレワークの導入によってワーカーはある一定の時

間，上司や同僚と離れて仕事をするため，彼らは疎外感や孤立感を感じる可能性がある。もしこのような感情が生じてしまえば，モラールダウンを引き起こしてしまうので，それを抑止するための施策が必要になる。

まず，疎外感や孤立感が生じる原因の1つは，コミュニケーション不足である。テレワークの導入により，従来のコミュニケーションパターンは大きな変更を余儀なくされるであろう。Kimble et al. は，従来のオフィス環境におけるフェース・トゥ・フェースのコミュニケーションが組織メンバー相互間の信頼やアイデンティティの基礎であると述べている[12]。そして Richter et al.[13] は，メンバー間の高い信頼は，メンバーの離職を抑制すると述べている。また Ravlin[14]は，バーチャルチームを用いて事業を行なっている企業では，チームのスタートアップ期に特にフェース・トゥ・フェースのコミュニケーションが必要で，それがメンバーの連帯感を醸成すると主張している。また，Golden[15]は，テレワーカーの増加が非テレワーカーの職務満足の低下を引き起こし，それを抑止するためには，フェース・トゥ・フェースによるコミュニケーション機会の増大が必要だと述べている。そして筆者は，第5章において，テレワーク導入企業におけるコミュニケーション状況と従業員モラールとの関係を調査し，垂直方向のインフォーマル・コミュニケーションの活発さが，テレワーク導入企業におけるオフィスワーカーのモラール向上に貢献していると述べた。以上のことより次の仮説を設定する。

　仮説 7-5：動機づけ施策としてのワーカーのコミュニケーション活発化
　　　　　　は，テレワーク導入企業で働くワーカーのモラール向上により
　　　　　　大きく貢献する。

7-1-6　テレワーク導入企業における動機づけ施策としての経営理念への共感

　テレワークを行なうことで同僚や上司からの疎外感や孤立感を感じるというのは，物理的に同じ場所で働いていないということやコミュニケーション量の

減少ということ以外に，企業や組織に心理的に一体化していないという感情に由来するとも考えられる。西田[16]によると，組織メンバーの仕事意欲を直接規定するのは，知覚されたものとしての組織要因である。業務を行なっていく過程で企業文化や経営理念などの知覚された組織要因を自らの中に取り込み，その結果，ワーカーのモラールがアップすると考えられる。経営理念は，企業経営における価値観であり，従業員の行動の指導原理としての機能をもっている[17]。そして経営理念のようなビジョンの共有やそれへの共感は，メンバー間の共通の目標形成を促し，それがメンバーのご都合主義を抑制する。それゆえ，共有されたビジョンは有効な組織的パートナーシップ形成にとって重要な基盤である[18]。ただテレワーク導入により，通常の業務を通してビジョンを共有する機会が減少し，その結果として心理的な一体感が低下する可能性がある。そのため，モラール向上のためにテレワーク導入企業では未導入企業よりも積極的に経営理念に対する共感を高めなければならないのである。以上のことより次の仮説を設定する。

　　仮説7-6：動機づけ施策としてのワーカーの経営理念への共感は，テレワーク導入企業で働くワーカーのモラール向上により大きく貢献する。

7-1-7　テレワーク導入企業における動機づけ施策としての承認意識

　一方，テレワーク制度を利用して仕事を行なうことによって，正当な評価を受けられないのではないかという懸念やキャリアパスから外れてしまうのではないかという懸念から，疎外感や孤立感が生じるということも予想される。太田[19]は，個人の自己効力感や有能感を高めるような承認を行なえば，それが内発的動機づけにつながり，組織にとっても個人にとっても有益な成果をもたらすと述べている。そして，その具体的な事実や客観的な情報に基づいた承認が自己効力感を高めるために有効だとも述べている[20]。またShockley-Zalabak et al.[21]は，個々の従業員がそれぞれ公平に扱われ，彼らのアイデアが公平に評価されていると信じている時，より革新的に行動するだろうと述べている。Fay & Kline[22]は，テレワーク状態に置いた学生112名を対象とした実験室実験を行ない，テレワーカーの業務に対する貢献度や組織との一体感と組織に対するコミットメントの間の関係を分析した。その結果，組織レベルにおいて，テレワーカーの貢献を承認することが帰属意識の向上をもたらすことを明らかにしている。またGee & Burke[23]は，テレワーカーは承認に対して高度の欲求をもっており，この潜在的欲求の実現を通してモラールアップを達成できると述べている。以上のことより次の仮説を設定する。

　仮説7-7：個々のワーカーの業務内容とその成果に関して，動機づけ施策としての組織レベルでの承認は，テレワーク導入企業で働くワーカーのモラール向上により大きく貢献する。

7-1-8　テレワーク導入企業における動機づけ施策としての学習機会の充実

　加えて，個々のワーカーの能力や諸活動が同僚や上司から承認されるためには，個々人の能力の内容や水準が承認に値するようなレベルでなければならないだろう。Fritz et al.[24]は，ナレッジワーカーにとって積極的な学習態度が個々人の活力の高さと関連していると指摘している。また川端[25]は，自己の能力開発を個々人の自己実現欲求を満たす手段と考え，能力開発がモラールの向上につながると述べている。テレワーカーの業務内容に関する承認の程度が低いと，それは疎外感や孤立感に結びつくので，テレワーク導入企業では，ワーカーの学習機会を充実させ，その成果に関して，より積極的に承認を行なう必要がある。以上のことより次の仮説を設定する。

　仮説7-8：動機づけ施策としてのワーカーの学習機会の充実は，テレワーク導入企業で働くワーカーのモラール向上により大きく貢献する。

7-2　アンケート調査に基づく実証分析

7-2-1　調査概要と分析手法

　前節で示した仮説7-1～仮説7-8を検証するために，オフィスワーカーを対象としたアンケート調査を2回実施した。2回の調査とも，株式会社エフエム・ソリューションが，「オフィス生産性に関するアンケート調査」という調査名称のもと，その取引先企業でデスクワークを行なっているオフィスワーカーを無作為抽出法で抽出し，配票調査法により質問票を配布，回答を郵送もしくはインターネットにより回収した。2回の調査概要は**表7-1**，回答者の所属している企業におけるテレワークの導入状況は**表7-2**の通りである。また，アンケートの具体的内容（抜粋）は，巻末のAppendix 4を参照されたい。そして本調査では，この回答を用いて，全サンプルをテレワーク未導入企業で働いているオフィスワーカー群とテレワーク導入企業で働いているオフィ

表7-1　調査の概要

	サンプル抽出方法	配布・回収期間	配布数	回収数	回収率	内有効回答数
2010年調査	無作為抽出法	2010/11/1～2010/11/30	5,000	1,148	23.0%	1,128
2012年調査	無作為抽出法	2012/11/1～2012/11/30	5,000	895	17.9%	851

表7-2　回答者の所属企業のテレワーク導入状況

2010年調査		2012年調査	
未導入	導入	未導入	導入
1,033名（89.8%）	115名（10.2%）	802名（89.1%）	93名（10.9%）

スワーカー群に分類している[26]。本章では，テレワークの導入状況とオフィスワーカーの動機づけの関係をQAQFのD値分析によって解明していくことにする。

サンプルに関する性別，年齢構成，役職，職種，業種，従業員規模の構成比は**表7-3**～**表7-8**の通りである[27]。

表7-3 サンプルの性別構成　　　　　　　　　　　　　　（単位：％）

性別	2010年調査			2012年調査		
	全体	未導入	導入	全体	未導入	導入
男性	87.8	87.9	87.0	85.7	86.5	78.5
女性	12.2	12.1	13.0	14.3	13.5	21.5

表7-4 サンプルの年齢構成　　　　　　　　　　　　　　（単位：％）

年齢層	2010年調査			2012年調査		
	全体	未導入	導入	全体	未導入	導入
20歳代	8.3	7.6	14.8	7.8	7.4	10.8
30歳代	21.0	21.5	16.1	21.3	20.8	24.7
40歳代	28.4	28.8	24.3	35.3	36.4	25.8
50歳代	30.1	29.8	33.0	27.0	26.5	31.2
60歳代以上	12.1	12.2	11.3	8.7	8.8	7.5

表7-5 サンプルの役職構成　　　　　　　　　　　　　　（単位：％）

役職	2010年調査			2012年調査		
	全体	未導入	導入	全体	未導入	導入
一般職	28.3	27.7	33.0	29.8	28.9	37.6
係長	11.3	11.1	13.9	15.6	16.2	10.8
課長	27.1	28.1	17.4	25.9	27.0	16.1
部長	20.5	19.9	25.2	16.1	15.3	22.6
役員	12.8	13.0	10.4	12.6	12.5	12.9

表7-6　サンプルの職種構成　　　　　　　　　　　　　　　（単位：％）

職　種	2010年調査			2012年調査		
	全体	未導入	導入	全体	未導入	導入
総務・人事・経理	41.7	41.5	43.5	39.5	40.5	31.2
資材・購買・調達	5.3	5.3	5.2	4.3	4.1	6.5
企画・計画	7.4	7.0	11.3	9.2	9.2	8.6
研究開発	2.4	2.3	3.5	1.5	1.2	4.3
設計・技術	10.4	10.5	9.6	10.5	10.0	14.0
営業・販売	23.2	23.8	18.3	27.4	27.7	24.7
生産管理	0.5	0.5	0.9	0.2	0.3	0.0
その他	9.0	9.2	7.8	7.4	7.0	10.8

表7-7　サンプルの業種構成　　　　　　　　　　　　　　　（単位：％）

業　種	2010年調査			2012年調査		
	全体	未導入	導入	全体	未導入	導入
建設	12.3	12.9	7.0	14.5	15.3	7.5
製造	19.5	18.4	29.6	19.3	18.7	23.7
運輸	2.9	3.2	0.9	3.4	3.6	2.2
情報通信	8.4	6.4	26.1	8.8	6.9	24.7
金融	6.3	6.3	6.1	7.8	8.0	5.4
流通	8.0	8.6	2.6	6.9	7.3	4.3
その他サービス	23.0	23.6	18.2	21.1	21.6	17.2
公共・教育機関	6.6	6.7	6.1	4.7	5.0	2.2
その他	12.9	13.9	3.5	13.5	13.6	12.9

表7-8 サンプルの従業員規模構成　　　　　　　　　　　（単位：%）

従業員規模	2010年調査			2012年調査		
	全体	未導入	導入	全体	未導入	導入
10人以下	3.9	4.0	2.6	5.5	5.0	9.7
11〜50人	9.8	10.2	7.0	8.9	9.9	1.1
51〜100人	9.2	9.7	5.2	8.2	8.6	5.4
101〜300人	18.3	19.5	7.0	16.2	17.3	7.5
301〜1,000人	21.5	22.5	13.0	21.6	22.6	14.0
1,001人以上	37.2	34.1	65.2	39.5	36.7	62.4

7-2-2　テレワークの導入状況とモラールの関係

　テレワーク導入企業で働くオフィスワーカーと未導入企業で働くオフィスワーカーのモラールには差がないという仮説7-1に関しての分析結果は，**表7-9**の通りである。

　分析結果を見てみると，2010年，2012年のいずれの調査においても，テレワーク導入企業で働くワーカーの方がモラールの平均値は高かったが，平均値の差の検定を行なったところ5％の有意水準で統計的に有意な差は見られない結果となっている。これより，テレワーク導入企業で働くオフィスワーカーと未導入企業で働くワーカーのモラールには差がないという仮説7-1は採択された。

表7-9　テレワークの導入状況とモラールの平均値

	2010年		2012年	
	%	モラール	%	モラール
テレワーク未導入企業で働くワーカー	89.8	4.074	89.1	4.071
テレワーク導入企業で働くワーカー	10.2	4.148	10.9	4.301

7-2-3 オフィスワーカーのモラール向上に貢献する施策の貢献度

このように，テレワークの導入状況自体がそこで働くオフィスワーカーのモラールに影響を及ぼすと考えられない中で，彼らを動機づけるためにどのような施策が有効なのであろうか。仮説7-2は，オフィスワーカーの動機づけのための諸施策の実施は，テレワーク導入・未導入にかかわらず彼らのモラール向上に有効であるというものである。この仮説7-2に関しての分析結果が**表7-10**（2010年調査）と**表7-11**（2012年調査）に示されている。

2つの表をそれぞれ見てみると，2010年調査時にテレワーク未導入企業で働くオフィスワーカーにとって，「ワーカー相互間の信頼関係」を高める施策が最も大きくモラール向上に貢献していた。それに次いで，「他の組織メンバーとの協力」「垂直方向のフォーマル・コミュニケーション」「組織メンバー間での相談の機会」「個人の情報の共有」を促す施策の貢献度が大きかった。2012年調査においても，「ワーカー相互間の信頼関係」を高める施策の貢献度が最も大きく，他の項目も2010年調査とほぼ同様であった。テレワーク未導入

表7-10 モラール向上に貢献する施策（2010年調査）

順位	テレワーク未導入	D値	テレワーク導入	D値
1	信頼関係	1.957	自由な雰囲気の中での意見交換	2.080
2	他メンバーとの協力	1.730	専門的な知識学習の機会	1.818
3	垂直フォーマル	1.692	個人の情報の共有	1.725
4	相談の機会	1.588	他メンバーとの協力	1.715
5	個人の情報の共有	1.425	信頼関係	1.621
6	自由な雰囲気の中での意見交換	1.364	水平インフォーマル	1.604
7	互いの性格の認知	1.329	垂直フォーマル	1.576
8	垂直インフォーマル	1.295	水平フォーマル	1.521
9	他部門への情報提供	1.239	垂直インフォーマル	1.432
10	業務の社内調整の程度	1.206	相談の機会	1.233

網掛け部分はテレワーク導入で働くワーカーにおいてのみ貢献度上位10位に入った項目。D値は全て5％の有意水準で統計的に有意である（表7-11も同様）。

表7-11 モラール向上に貢献する施策（2012年調査）

順位	テレワーク未導入	D値	テレワーク導入	D値
1	信頼関係	2.145	垂直フォーマル	2.583
2	垂直フォーマル	1.792	信頼関係	2.183
3	互いの性格の認知	1.742	互いの性格の認知	2.168
4	相談の機会	1.719	業務の社内調整の程度	2.044
5	他メンバーとの協力	1.695	自由な雰囲気の中での意見交換	2.000
6	休暇取得への仕事上の配慮	1.561	水平インフォーマル	1.970
7	自由な雰囲気の中での意見交換	1.507	専門的な知識学習の機会	1.786
8	適切な人材配置	1.445	垂直インフォーマル	1.722
9	業務の社内調整の程度	1.417	相談の機会	1.697
10	方針理解の上での業務	1.411	業務以外の仕事の許容	1.636

　企業で働くオフィスワーカーのモラールを向上させるためには，組織メンバー間のコミュニケーションを活性化させ，その結果として，情報の共有を図り，メンバー相互間の信頼関係を築いていくような動機づけ施策が重要と考えられる。

　一方，テレワーク導入企業で働くオフィスワーカーのモラール向上には，2010年調査では「自由な雰囲気の中での意見交換」を促す施策が最も貢献していた。次いで，「自分の望む専門的知識や技能を学ぶ機会」「個人の情報の共有」「他の組織メンバーとの協力」「ワーカー相互間の信頼関係」を促す施策の貢献度が高かった。2012年調査では，「垂直方向のフォーマル・コミュニケーション」を促す施策の貢献度が最も大きくなり，次いで，「ワーカー相互間の信頼関係」「組織メンバー相互間の性格の認知」「業務に関する社内調整」「自由な雰囲気の中での意見交換」を促す施策の貢献度が続いていた。上位10位に入っている施策の項目と貢献度の順位（D値の大きさ）は多少変化しているが，テレワーク導入企業で働くワーカーも，組織メンバー相互間のコミュニケーションや情報共有を促し，お互いの性格を知ることで，信頼関係を高めていく時，それが彼らのモラール向上につながっていくと考えられる。

テレワーク未導入企業で働くワーカーと導入企業で働くワーカーに関するそれぞれの調査で，上位10位までに入った動機づけ施策を比較してみると，知識学習の機会やインフォーマル・コミュニケーション活性化に関する施策が，テレワーク導入企業で働くワーカーにおいてより大きな貢献度を示していた[28]。テレワークの導入企業・未導入企業それぞれで働くワーカーの動機づけに貢献する施策は，**表7-10**と**表7-11**で示したように，項目や貢献度に多少の違いがあるが，いずれの項目も第5章の**表5-1**で示したものであった。それゆえ，この結果は仮説7-2は採択されたといえるだろう。

7-2-4 動機づけ施策としての自律性向上の貢献度

続いて，テレワーク導入企業で働くワーカーのモラール向上のために，特に力を入れる施策について見てみることにする。前述したように，基本的には導入・未導入にかかわらず同様の施策を実施することでワーカーのモラール向上を図ることができるのであるが，仮説7-3〜仮説7-8や**表7-10**と**表7-11**で示した結果のように，テレワーク未導入企業よりも導入企業で働くワーカーに対してより効果があるだろうと考えられる施策が存在する。

まず仮説7-3で示した「自律性」向上を促す施策についての結果を見てみよう。**表7-12**より，「自らの判断のもと主体的に仕事を進められる施策」や「業務範囲を外れることを許容する施策」といったものがテレワーク導入企業で働くワーカーのモラール向上により大きく貢献していた。この結果より，仮説7-3は採択されたといえる。テレワークのように個人で業務に携わる時間

表7-12　自律性に関する項目の貢献度

	2010年		2012年	
	未導入	導入	未導入	導入
主体的な仕事の進め方	0.912	0.921	1.098	1.368
業務以外の仕事の許容	0.500	1.154	0.809	1.636

網掛け部分は同一項目，同一調査年で大きい値の方を示す。また，表に示されているD値は全て5％の有意水準で統計的に有意である（以下同様）。

表7-13 権限委譲に関する項目の貢献度

	2010年		2012年	
	未導入	導入	未導入	導入
権限委譲の促進	0.354	0.925	0.630	1.146
業務の自由裁量	0.638	1.183	1.118	1.299

が多い働き方を導入している企業において，ワーカーの自律性向上を促すことは彼らのモラール向上に直接貢献すると考えられる。

7-2-5 動機づけ施策としての権限委譲の貢献度

続いて仮説7-4であるが，これは権限委譲に関する諸施策についてのものである。**表7-13**で示されるように「権限委譲」や「自由裁量」を積極的に促す施策は，テレワーク導入企業で働くワーカーのモラール向上により大きく貢献していた。この結果より，仮説7-4は採択されたといえる。テレワークのように自律的な働き方が求められる場合，各ワーカーに対してより積極的に権限委譲をしていくことが彼らのモラール向上に貢献すると考えられる。

7-2-6 動機づけ施策としてのコミュニケーション活性化の貢献度

仮説7-5はコミュニケーション活性化に関する諸施策についてのものである。テレワークの導入によって，フェース・トゥ・フェースのコミュニケーションの機会や量が減少し，それが疎外感や孤立感を生んだり，労務管理上の諸問題を生み，ワーカーのモラールダウンに結びつく可能性がある。それを防ぐために，テレワーク導入企業ではより積極的にコミュニケーションを活性化させる諸施策が必要と考えられる。表7-14を見てみると，「相談の機会の頻度」に関しては未導入企業でよりモラールの向上に貢献していたが，「個人の情報共有」や「垂直方向・水平方向のコミュニケーション（特にインフォーマル・コミュニケーション）」，「自由な雰囲気の中での情報交換」に関しては，ほぼ全ての項目において導入企業で働くワーカーのモラール向上により大きく貢

表7-14 コミュニケーションに関する項目の貢献度

	2010年		2012年	
	未導入	導入	未導入	導入
個人の情報共有	1.425	1.725	1.088	1.429
水平フォーマル	1.172	1.521	1.197	1.608
水平インフォーマル	1.147	1.604	1.075	1.970
垂直フォーマル	1.692	1.576	1.792	2.583
垂直インフォーマル	1.295	1.432	1.112	1.722
相談の機会の頻度	1.588	1.233	1.719	1.697
自由な雰囲気の中での意見交換	1.364	2.080	1.507	2.000

献していた。この結果より，仮説7-5はほぼ採択されたといえる。つまり，多少の例外はあるものの，メンバー相互間のコミュニケーションの活性化を促す諸施策は，テレワーク導入企業で働くワーカーのモラール向上のために必要な施策と考えられる。

7-2-7 動機づけ施策としての経営理念への共感の貢献度

経営理念への共感に関する仮説7-6についてであるが，経営理念に共感し，その共有が進めば，メンバーがたとえ同じ場所で働いていなくても，組織メンバーの一員として自覚でき，疎外感や孤立感にはあまり結びつかなくなるため，モラールダウンを抑制する可能性があると考える。「経営理念への共感」を促す施策と「日頃の挨拶」などによって共感を高める施策のモラールへの貢献度は**表7-15**の通りである。結果は，2010年調査ではテレワーク未導入企業で働くワーカーにおいて，2012年調査ではテレワーク導入企業で働くワーカーにおいてそれぞれの項目がモラール向上により大きく貢献していた。以上の結果より，仮説7-6は2010年では棄却され，2012年では採択されたといえる。調査年の違いによって結果が全く反対になったため，この項目については今後さらに追加調査が必要と考える。

表7-15 経営理念への共感に関する項目の貢献度

	2010年		2012年	
	未導入	導入	未導入	導入
経営理念への共感	1.002	0.993	1.090	1.624
挨拶の状況	1.022	0.894	0.860	1.337

7-2-8　動機づけ施策としての承認意識の貢献度

仮説7-7は業務の成果などに対する承認を促す施策に関するものである。前述した通り，成果に関してワーカーが承認されると，自分は蚊帳の外ではなかったということを実感できるだけでなく，自己実現欲求の充足から内発的に動機づけられることになる。本調査では職場における承認を促す施策として「職場での改善点の実現」や「加点評価」，「成果主義」，「適材適所の人員配置」を取り上げ，分析結果は**表7-16**の通りとなった。いずれの項目もテレワーク導入企業で働くワーカーのモラール向上により大きく貢献していた。この結果より，仮説7-7は採択されたといえる。

7-2-9　動機づけ施策としての学習機会の充実の貢献度

最後に，学習機会の充実を図る施策に関する仮説7-8について見てみよう。仮説7-7で示している業務に関する承認を上司や同僚から受けるために

表7-16 承認意識に関する項目の貢献度

	2010年		2012年	
	未導入	導入	未導入	導入
改善点の実現	0.479	1.177	0.768	1.287
承認（加点評価）	0.949	1.007	0.959	1.455
承認（成果主義）	0.591	0.795	0.722	0.808
適材適所な人員配置	0.912	0.968	1.445	1.493

表7-17　学習の機会に関する項目の貢献度

	2010年		2012年	
	未導入	導入	未導入	導入
専門的な知識学習の機会	0.968	1.818	1.250	1.786

は，個々のワーカーが自分の能力を高める必要があり，組織はそれを積極的に支援するために専門的知識や技能の学習機会を充実させることが求められる。**表7-17**の結果より，「自分の望む専門的な知識や技能を学べる機会」を充実させる施策が，テレワーク導入企業で働くワーカーのモラール向上により大きく貢献していた。この結果より，仮説7-8は採択されたといえる。

7-3　テレワーカーの動機づけ施策

上述してきた実証分析の結果より，仮説7-6を除いた全ての仮説が支持された。この結果を踏まえて，テレワーク導入企業で働くオフィスワーカーの動機づけ施策を考えていくことにする。前述したように，テレワークの導入目的の1つとしてオフィスワーカーのモラール向上がしばしば挙げられているが，その一方で，管理の難しさやテレワーカーの疎外感・孤立感に由来するモラールダウンの懸念も同時に指摘されている。仮説7-1に関する分析結果によれば，テレワークの導入状況の違いはオフィスワーカーのモラールの差に影響を及ぼしていなかった。つまり，テレワークを導入すること自体はワーカーの動機づけ施策にならないと考えられる。テレワークは従来の働き方と比較して，管理の方法や勤務形態が大きく変わるため，様々な面でワーカーにインパクトを与えることは間違いないが，テレワーク導入企業で働くワーカーのモラールを向上させるためには，テレワーク制度の導入と併せて，彼らを動機づけるための諸施策が別途必要となるのである。

では，テレワーク導入企業で働くワーカーを動機づけるために有効な施策はどのようなものであろうか。仮説7-2に関する分析結果（**表7-10**，**表7-11**）

より，基本的に従来型の動機づけ施策が，効果の面で多少の違いはあるものの，勤務している企業のテレワーク導入状況にかかわらず有効であることが検証された。動機づけのための施策の内容をD値の大きさから具体的に見ていくと，組織メンバー間の情報共有を促す施策，メンバー同士の協力体制を高める施策，組織内での垂直・水平方向のコミュニケーションを促す施策，そしてその結果としてメンバー相互間の信頼関係を高めていく施策が特に重要と考えられる。これらは第5章の**表5-1**で示したモラール向上に影響を及ぼす組織的要因におおよそ該当する項目であった。一方，**表5-1**で示した個人的要因に関する項目は上位10位までに入らなかった。これより，オフィスワーカーのモラールを向上させるためには，まず組織的な要因に焦点を当てた施策の実施が有効で，それを補完する形で個人的要因に焦点を当てていくことが必要になると考えられる。そして，これらの内容は企業レベルの調査である第5章で示した結果とも矛盾しないものであった。

またテレワークは，程度の差こそあれ，一定の時間フェース・トゥ・フェースの管理を離れて，自律的に働く労働形態であるので，テレワークに特化した動機づけ施策も考慮する必要があるだろう。上述したように仮説7-2に関する分析から，基本的にはテレワーク導入企業で働くワーカーに対しても従来型の動機づけ施策が有効であることが確認できたのであるが，専門知識や技能を学習する機会を提供する施策や水平方向のフォーマルおよびインフォーマル・コミュニケーションの活性化を促す施策，垂直方向のインフォーマル・コミュニケーションの活性化を促す施策，業務以外の仕事を許容する施策は，テレワーク導入企業で働くワーカーに対してより効果を発揮するということも確認された。フェース・トゥ・フェースによる管理の時間が減少するテレワークを実施するに当たっては，学習の機会やコミュニケーションの機会が減少するため，このような施策の実施により力を入れていく必要があるのだろう。

さらに仮説7-3～仮説7-8に関する分析結果より，個々のワーカーの自律性を高める施策，権限委譲を今まで以上に促す施策，メンバー相互間のコミュニケーションの活性化を促す施策，個々のワーカーの業務内容・成果を承認す

る施策，個々のワーカーの専門知識の学習機会充実を促す施策は，テレワーク未導入企業で働くワーカーよりも導入企業で働くワーカーのモラール向上により貢献すると考えられる。つまり，個々のワーカーの自律性向上を促す施策を実施し，ワーカーに対する権限委譲をさらに進め，業務上の自由裁量を今まで以上に認め，部署にとらわれずメンバー間のフォーマルおよびインフォーマル・コミュニケーションを活性化させる施策がテレワーク導入企業で働くワーカーのモラールアップには有効である。これらに加えて，他のメンバーや組織全体からの疎外感をできるだけ感じないようにするため，個々のワーカーの業務内容や成果を他のメンバーが進んで承認し，承認の基礎になる個々人のもつ専門知識をさらに充実させるための機会を設け，自由な雰囲気の中での意見交換がいつでもできる機会を充実させていく施策も，テレワーク導入企業で働くワーカーのモラール向上にとってより有効だと考えられる。

　本章の調査では，調査方法やサンプル数の関係上，テレワーカーに特化した分析や時系列的な変化を見る分析はできなかった。今後は，テレワーク導入企業におけるテレワーカーと非テレワーカーに対する動機づけ施策の差，動機づけ施策の時系列的な影響などについても分析を試みたい。また，コミュニケーション不足などから，テレワーカーが孤立感を感じた場合，それがモラールダウンにつながるという状況も間接的に見て取れた。このようなテレワークのマイナス面に焦点を当てた調査は，今後実施する必要があるだろう。

7-4　まとめ

　以上述べてきたように，テレワークを導入するに当たって，その目的の一つであるワーカーのモラールを向上させるためには，特別な施策を当初から考えるのではなく，基本的には従来から効果があると考えられている動機づけのための諸施策の実施がまず有効であることが確認できた。そして，従来とは異なる働き方を許容しているテレワーク導入企業で働くワーカーに対して，学習機会を充実させ，コミュニケーションの活性化や自律性向上を促し，疎外感を抑

制するための諸施策を実施することがより功を奏するということも確認できた。様々なメリットが考えられるテレワークがより多くの企業において導入されるためには，基本的には従来通りの動機づけ施策を実施しながらも，テレワーカーに対しては，学習機会の充実や自律性の向上，コミュニケーションの活性化を積極的に促す施策を優先的に行ない，少しずつでも諸施策の成果を上げていくことが必要と考えられる。

(1)「動機づけ」行動とは，「仕事への意欲を高める」行動と定義されている。神戸大学経営学研究室（編）［1988］pp.949-950。
(2) Hill et al.［1998］
(3) McCloskey［2001］
(4) 古川靖洋［2006b］pp.10-11, 古川靖洋［2011］p.17。
(5) 第 5 章と同様に，ここでいう生産性は「有効性に焦点を当てた生産性」のことで，その指標はワーカーの創造性，情報交換度，モラールである。
(6) 以後，「施策」ということばを使う場合，特に注記しない限り，「ワーカーのモラール向上に影響を及ぼす要因を踏まえた施策」という意味とする。
(7) Hackman & Oldham［1980］pp.77-82.
(8) Reinholt et al.［2011］p.1293.
(9) フェファー［2010］p.20。
(10) Konradt et al.［2003］pp.61-79.
(11) Richter et al.［2010］p.243.
(12) Kimble et al.［2000］pp.12-13.
(13) Richter et al.［2010］p.245.
(14) Ravlin［2010］p.155.
(15) Golden［2007］pp.1657-1662.
(16) 西田耕三［1977］p.109。
(17) 岡本・古川・佐藤・馬場［2012］p.81。
(18) Wong et al.［2005］pp.788-789.
(19) 太田肇［2011］p.46。
(20) 太田肇［2011］p.159。
(21) Shockley-Zalabak et al.［2010］p.59.
(22) Fay & Kline［2012］p.73.
(23) Gee & Burke［2001］pp.132-135.
(24) Fritz et al.［2011］p.34.

(25) 川端大二［1988］pp.124-144.
(26) 2010年と2012年にそれぞれ調査を行ない，その結果を並列的に示しているが，この理由は，2010年調査において効果のあった動機づけ施策が2012年調査においても同様に効果があるかどうかを追試するためである。本章では，効果のある動機づけ施策の時系列的な変化は見ていない。
(27) 表7-3〜表7-8で示すように，女性，20歳代，情報通信業界，従業員数の多い企業で働くワーカーという項目においてそれぞれテレワークの導入率が高くなっているが，これらは一般的にテレワークの導入率が高いとされるカテゴリーである。一方，他の項目に関しては，2群の間に構成比の差はほとんど見られない。よって導入・未導入という2群に分ける上で特に問題はないと考える。
(28) 表7-10と表7-11で網掛けした項目は，テレワーク未導入企業で働くワーカーに対して貢献度上位10位に入らなかったが，5％の有意水準でモラール向上に貢献する項目となっていたものである。QAQFの結果よりそれぞれの項目のD値は以下の表の通りである。

テレワーク未導入（2010年調査）		テレワーク未導入（2012年調査）	
水平フォーマル	1.172	専門的な知識学習の機会	1.250
水平インフォーマル	1.147	垂直インフォーマル	1.112
専門的な知識学習の機会	0.968	水平インフォーマル	1.075
―	―	業務以外の仕事の許容	0.809

終章　テレワークの成功のために

　1980年代半ばに旧通産省が推進したニューオフィス化運動以来，それまであまり注目されなかったオフィス環境に多くの人々が関心をもつようになった。これに加えて，ICT環境の整備やPCの普及とその性能の高度化，スマートフォンやタブレット型PCの普及などがこの30年間に急速に進み，オフィスワーカーが働く環境そのものだけではなく，その働き方に大きな影響を及ぼしてきた。本書で取り上げたテレワークもそのような流れの中で提唱され，実際に利用されるようになってきたものである。

　また近年，ワークプレイスで働くワーカーの多様な考え方や生活様式をできるだけ理解し，その多様性を企業にとってプラスに利用していこうというダイバーシティ・マネジメントに企業は高い関心を示している。個々のワーカーも自分の仕事だけではなく，仕事以外の諸活動や自己啓発，育児，介護などを効率的かつ適切にこなすために，ワーク・ライフ・バランスの充実を求めている。このように従来の働き方では対応できない様々な欲求に対応可能な働き方として，テレワークに注目が集まっている。

　本書の第2章でも取り上げたように，テレワークを導入することで，企業もワーカーも様々なメリットを享受することができるのであるが，その一方で様々なデメリットが生じていることも事実である。ただ，ICT環境の進展やその利用を前提とした企業活動を考えれば，デメリットがあるからというだけで，企業がテレワークの導入に尻込みすることはできないだろう。本書では，外部環境の変化から必要に迫られてテレワークを導入するのではなく，テレワークを積極的に導入し，ワーカーの生産性向上や知識創造を実現するためにどのような施策が有効なのかを究明すべく論を展開してきた。

　本書で取り上げたテレワーカーは自宅や営業先など通常のオフィス以外から情報通信技術を活用した場所と時間にとらわれることなく業務を行なうワー

カーのことであるが，基本的には通常のオフィスワーカーと同様の業務内容を担当していると考えている。筆者は，かねてから オフィスワーカー（ホワイトカラーワーカー）の生産性向上に影響を与える諸施策を研究してきた。その研究成果から，「オフィス環境の整備はオフィスワーカーの生産性向上の必要条件であっても，十分条件ではない。生産性向上のためには，オフィス環境の整備とともに，生産性向上のための諸施策の実施が必要である」との命題を主張している。テレワーカーが通常のオフィスワーカーと同様の業務を行なっているとすれば，テレワークを導入しただけではオフィスワーカー（テレワーカーも含む）の生産性は向上せず，向上させるためには同時にそのための諸施策の実施が必要となるのである。本書では，企業レベルのアンケートデータとワーカーレベルのアンケートデータを用いて，どのような諸施策がワーカーの生産性向上に貢献し，それらは一般的な生産性向上のための施策と異なるのかどうかを検討してきた。分析の詳しい結果と考察は各章に譲るが，以下でその内容を少しまとめておくことにしたい。

　まず，企業レベルのアンケートデータを用いた分析では，テレワークを導入している企業でもテレワークに関して様々な懸念が存在していた。そして，それらの懸念に大きな影響を及ぼしているのは，経営者や中間管理職のテレワークに対する理解不足であることがわかった。そのため，経営者や中間管理職のテレワークに対する理解不足が改善され，促進役に回れば，懸念の多くは払拭できると考えられる。そういう意味では，経営者や中間管理職に対してテレワークのメリットに関する啓もう活動を行なうことは重要なのである。

　また，テレワークを導入しても，従来通りまたはそれ以上に活発なコミュニケーションを行なうことができれば，ワーカーのモラール向上やテレワークの導入によって期待される効果を得ることができるということもわかった。テレワークの導入はコミュニケーションの沈滞化につながるという懸念があるが，テレワークを導入する場合，同時にコミュニケーション状況をさらに活性化できるようハード面とソフト面で工夫することが重要なのである。

　そして，オフィスワーカーの生産性向上に影響を及ぼす諸要因はテレワーク

の導入・未導入に関係なく有効であるという仮説については，生産性を示すいずれの指標においても妥当するという結果を得た。つまり，オフィスワーカーの生産性を向上させるためには，テレワークの導入いかんにかかわらず，従来からそれに効果があると考えられている要因に焦点を当てた施策を実施することが必要なのである。また生産性向上のためには，テレワーク導入に際して示される「ねらい」も表面的なものに留まらず，それぞれのワーカーの内面に訴えかけるものにも同時に焦点を当てることが重要だということが，企業レベルの分析から得られた結果である。

続いてワーカーレベルのアンケートデータから得られた分析結果で重要なものを少し示していこう。まず，個々のテレワーカーの生産性については，テレワークの実施により，業務に集中できる時間や機会が増大し，定型的業務・創造的業務の違いに関係なく，生産性の向上に貢献していることがわかった。そして，チームの生産性については，上司や同僚とのフェース・トゥ・フェースのコミュニケーションの機会が多いほど，チームの生産性が高まり，信頼感の醸成にも貢献することがわかった。ワーカーレベルの調査においても，テレワークの導入とコミュニケーションの活性化を同時並行的に行なえば，生産性の向上に結びついていく状況が見て取れた。また，ワーカー間における信頼感の醸成や高まりがチームの生産性の向上とプラスの関係にあることも同時に見出された。

テレワークの導入によって，個々のワーカーの疎外感や孤立感が高まり，それが彼らのモラールダウンにつながるのではないかという懸念があるため，テレワーカーの動機づけについても調査した。その結果，テレワーカーのモラールを向上させるためには，特別な施策を当初から考えるのではなく，基本的には従来からモラールアップに効果があると考えられている動機づけ施策の実施がまず有効であることが確認できた。これは企業レベルのデータを用いた分析結果とも合致する内容である。そして，テレワーカーに対しては，知識学習の機会を充実させ，コミュニケーションの活性化や自律性向上を促し，疎外感を抑制するための諸施策を実施することがより奏功するということも確認でき

た。

　このように，企業レベルにおいてもワーカーレベルにおいても，他の諸施策と組み合わせることで，テレワークの導入が個人ならびにチームの生産性向上に結びつくことが明らかにされた。このことからも，テレワークはますます魅力的な施策と考えられるのである。定義に照らしてみると，週当たり8時間程度従来のオフィスとは異なる場所で情報通信機器を使って仕事をすればテレワークを行なったことになる。この程度であれば，コミュニケーションが沈滞化したり，労務管理上の問題が出たり，ワーカー個人が疎外感や孤立感を感じたりすることもそれほどないと考えられる。テレワークを特別な働き方と考えず積極的に導入し，従来から用いられている生産性向上策をテレワークの導入と併せて実施することで，企業も個々のワーカーも，テレワークのメリットを十分享受できるだろう。

Appendix 1：2008年テレワーク協会アンケート（抜粋）

問1-1　貴社の設立年次（西暦で設立年次をご記入下さい）

西暦□□□□年

問1-2　貴社の業種（もっとも売上高の多い業種を一つだけお選び下さい）

1. 農業、林業
2. 漁業
3. 鉱業、採石業、砂利採取業
4. 建設業
5. 製造業
6. 電気・ガス・熱供給・水道業
7. 情報通信業
8. 運輸業、郵便業
9. 卸売業、小売業
10. 金融業、保険業
11. 不動産業、物品賃貸業
12. 学術研究、専門・技術サービス業
13. 宿泊業、飲食サービス業
14. 生活関連サービス業、娯楽業
15. 教育、学習支援業
16. 医療、福祉
17. 複合サービス事業
18. サービス業（他に分類されないもの）
19. 公務（他に分類されるものを除く）
20. その他（具体的に：　　　　　　）

問1-3　貴社の従業員数（男女別の正規雇用従業員数を実数でご記入下さい）

男性□□, □□□人
女性□□, □□□人
合計□□, □□□人

問1-4　貴社の従業員の平均年齢（正規雇用従業員の平均年齢を実数でご記入下さい）

平均年齢□□. □歳

問1-5　貴社の直近1年間の離職率がおわかりでしたら、その比率を下記の中からお選び下さい。

1. 1％未満
2. 1～2％未満
3. 2～3％未満
4. 3～4％未満
5. 4～5％未満
6. 5％以上

【次ページ以降の設問に関しては、主としてオフィス部門（工場などの生産部門以外）を対象としてご回答ください】

問2．IT化の現状についてお尋ねします。

問2-1　PCの配置台数について該当するものをお選び下さい。

1	2	3	4	5	6
1人1台以上	1人1台	2人1台	3〜5人1台	5人以上に1台	全くない

問2-2　シンクライアント環境の利用状況について右の中から該当するものをお選び下さい。ここでいう「シンクライアント環境」とは、専用のシンクライアント端末のほか、USBキーなどで通常PCを用いてシンクライアント環境を実現するシステムを含みます。

1	2	3	4	5	6
全てがシンクライアントである	3/4程度がシンクライアントである	半数程度がシンクライアントである	1/4程度がシンクライアントである	シンクライアントはごく一部である	シンクライアントは全くない

問2-3　IP電話やソフトフォンなどの利用状況について右の中から該当するものをお選び下さい。

1	2	3	4	5	6
全社で利用している	3/4程度の部門で利用している	半数程度の部門で利用している	1/4程度の部門で利用している	ごく一部の部門で利用している	利用していない

問2-4　インスタントメッセンジャーなどリアルタイムコミュニケーションツールの利用状況について右の中から該当するものをお選び下さい。

1	2	3	4	5	6
全社で利用している	3/4程度の部門で利用している	半数程度の部門で利用している	1/4程度の部門で利用している	ごく一部の部門で利用している	利用していない

問2-5　社外からのオフィスのサーバーへのアクセスの状況について右の中から該当するものをお選びください。

1	2	3	4	5	6
社外でも社内と同じ業務ができる	社外では業務ができるが、一部できない	社外では大半の業務ができる	社外では社内の半分程度の仕事の一部はできるができない	社外でできる業務はごく一部である	社外からアクセスはできない

問2-6　Webカメラによる画像・動画を利用したコミュニケーションツールの利用状況について右の中から該当するものをお選び下さい。

1 全社で利用している ── 2 3/4程度の部門で利用している ── 3 2/4程度の部門で利用している ── 4 1/4程度の部門で利用している ── 5 ごく一部の部門で利用している ── 6 利用していない

問2-7　ペーパーレス化の実施状況について右の中から該当するものをお選び下さい。

1 非常に徹底したペーパーレス化を実施している ── 2 ペーパーレス化を実施している ── 3 ある程度実施している ── 4 ある程度ペーパーレス化は実施しているが一部にとどまっている ── 5 ペーパーレス化はほとんど実施していない ── 6 ペーパーレス化は全く実施していない

問2-8　各種社内手続き・申請などのオンライン化の状況について右の中から該当するものをお選び下さい。

1 全てオンライン化されている ── 2 大半のものはオンライン化されているが、一部できないものがある ── 3 半数程度はオンライン化されている ── 4 一部オンライン化されているが、大半はできない ── 5 オンライン化されているのはごく一部である ── 6 オンライン化はされていない

問2-9　情報セキュリティの確保のためのルールの運用状況について右の中から該当するものをお選び下さい。

1 非常に適切に運用されている ── 2 適切に運用されている ── 3 やや適切に運用されている ── 4 やや適切に運用されていない ── 5 適切に運用されていない ── 6 全く適切に運用されていない

問2-10　情報セキュリティを確保するためのルールによって、日常業務に支障が出ているという意見がありますか。

1 非常に多くある ── 2 多くある ── 3 やや多くある ── 4 一部にある ── 5 ごく一部にある ── 6 全くない

問3．労働時間制度についてお尋ねします。

問3-1　貴社の一般従業員（オフィスで働く非管理職の従業員）の労働時間制度で、適用されているものをそれぞれについて「はい」、「いいえ」のいずれかをお選び下さい。

1. 通常の労働時間制	1. はい	2. いいえ
2. フレックスタイム制	1. はい	2. いいえ
3. 企画業務型裁量労働制	1. はい	2. いいえ
4. 専門業務型裁量労働制	1. はい	2. いいえ
5. 事業場外労働時間制	1. はい	2. いいえ
6. 変形労働時間制	1. はい	2. いいえ

問3-2　労働時間や休暇に関連する次のような制度の活用状況について、右の欄から該当するレベルをお選び下さい。

	非常に有効に活用されている	有効に活用されている	やや有効に活用されている	やや活用されていない	活用されていない	全く活用されていない	導入されていない（制度がない）
1. 時間短縮勤務	1	2	3	4	5	6	7
2. ノー残業デイなど残業時間削減策	1	2	3	4	5	6	7
3. 半日単位の有給休暇制度	1	2	3	4	5	6	7
4. 法制度に基づく育児休業制度	1	2	3	4	5	6	7
5. 法制度に上乗せした育児休業制度	1	2	3	4	5	6	7
6. 法制度に基づく介護休業制度	1	2	3	4	5	6	7
7. 法制度に上乗せした介護休業制度	1	2	3	4	5	6	7
8. 一定の勤続年数に達した従業員に対するリフレッシュ休暇制度	1	2	3	4	5	6	7
9. 1週間をこえる連続休暇制度	1	2	3	4	5	6	7
10. 有給休暇制度の取得促進施策	1	2	3	4	5	6	7

問4．人事評価に関連する次のような制度の運用状況について、右の欄から該当するレベルをお選び下さい。

	非常に適正に運用されている	適正に運用されている	やや適正に運用されている	やや適正に運用されていない	適正に運用されていない	全く適正に運用されていない	導入されていない（制度がない）
1．目標管理	1	2	3	4	5	6	7
2．成果や業績に基づく人事評価	1	2	3	4	5	6	7

問5．社内のコミュニケーションについてお尋ねします。コミュニケーションの種類別に、右の欄から該当するレベルをお選び下さい。
（注）フォーマル・コミュニケーション：業務上必要なコミュニケーション
　　　インフォーマル・コミュニケーション：業務とは直接関係ないコミュニケーション

	非常に円滑である	円滑である	やや円滑である	やや円滑でない	円滑でない	全く円滑でない
1．組織内の縦の（垂直的な）フォーマル・コミュニケーション	1	2	3	4	5	6
2．組織横断的な横の（水平的な）フォーマル・コミュニケーション	1	2	3	4	5	6
3．組織内の縦の（垂直的な）インフォーマル・コミュニケーション	1	2	3	4	5	6
4．組織横断的な横の（水平的な）インフォーマル・コミュニケーション	1	2	3	4	5	6
5．全社レベルでのワイワイ・ガヤガヤ的な雰囲気	1	2	3	4	5	6

問6．ワークライフバランス、ダイバーシティ、CSR（企業の社会的責任）などについてお尋ねします。

問6-1　貴社では、ワークライフバランス、ダイバーシティ、CSRなどを担当する専門の部署を設置していますか。

	設置している	設置していない
1. ワークライフバランス担当部門	1	2
2. ダイバーシティ担当部門	1	2
3. CSR担当部門	1	2

問6-2　ワークライフバランスやダイバーシティ向上に関連する次のような制度の活用状況について、右の欄から該当するレベルをお選び下さい。

	非常に有効に活用されている	有効に活用されている	やや有効に活用されている	やや活用されていない	活用されていない	全く活用されていない	導入されていない（制度がない）
1. 企業内保育施設の設置	1	2	3	4	5	6	7
2. 子育て後の女性の再雇用	1	2	3	4	5	6	7
3. 出産・育児期のフレキシブルな勤務時間	1	2	3	4	5	6	7
4. 配偶者の出産時の男性の休暇制度	1	2	3	4	5	6	7
5. 男性の育児・介護休業取得促進	1	2	3	4	5	6	7
6. 勤務地限定社員制度	1	2	3	4	5	6	7
7. 女性の管理職への積極登用	1	2	3	4	5	6	7
8. 介護などの情報提供・相談機能	1	2	3	4	5	6	7
9. 障がい者の積極雇用	1	2	3	4	5	6	7
10. 高齢者の積極雇用	1	2	3	4	5	6	7

問7．従業員の満足度やモチベーション・モラールアップについてお尋ねします。ここでいうモラールは、従業員の士気（やる気）のことで、倫理観や道徳観を意味する「モラル」とは異なります。

問7-1　貴社では従業員満足度調査やモチベーション・モラールに関する社内調査などを定期的に行っていますか。

1. 従業員満足度調査	1. 実施している	2. 実施していない
2. モチベーション・モラールに関する調査	1. 実施している	2. 実施していない

問7-2　モチベーション・モラール向上に関連する次のような教育・研修について、右の欄から該当するレベルをお選び下さい。

	非常に頻繁に実施している	頻繁に実施している	やや頻繁に実施している	必要に応じて実施している	ほとんど実施していない	全く実施していない
1. 新入社員に対する教育・研修	1	2	3	4	5	6
2. 一般社員に対する教育・研修	1	2	3	4	5	6
3. 管理職に対する教育・研修	1	2	3	4	5	6

問7-3　貴社の社員のモチベーションやモラールについて、同業他社と比較した場合にどのようなレベルにあると思いますか。右の中から該当するものをお選び下さい。

1 非常に高い ─ 2 高い ─ 3 やや高い ─ 4 やや低い ─ 5 低い ─ 6 非常に低い

問8．オフィス環境などについてお尋ねします。

問8-1　貴社ではフリーアドレスレイアウトを導入していますか。右の中から該当するものをお選び下さい。

1 全社で導入している ─ 2 3/4程度の部門で導入している ─ 3 半数程度の部門で導入している ─ 4 1/4程度の部門で導入している ─ 5 ごく一部の部門で導入している ─ 6 導入していない

問8-2　貴社では自社内他事業所の立ち寄り型オフィスなど、自席以外での仕事ができる環境が整備されていますか。右の中から該当するものをお選び下さい。

1 非常によく整備されている　2 よく整備されている　3 やや整備されている　4 あまり整備されていない　5 整備されていない　6 全く整備されていない

問8-3　貴社では民間のレンタルオフィスなど、社内の自席以外での仕事ができる環境が整備されていますか。右の中から該当するものをお選び下さい。

1 非常によく整備されている　2 よく整備されている　3 やや整備されている　4 あまり整備されていない　5 整備されていない　6 全く整備されていない

問8-4　オフィス環境の機能性について、右の中から該当するものをお選び下さい。

1 非常に機能性が高い　2 機能性が高い　3 やや機能性が高い　4 やや機能性が低い　5 機能性が低い　6 非常に機能性が低い

問9．テレワークの実施状況などについてお尋ねします。ここでいうテレワークには、在宅勤務、モバイル勤務、サテライトオフィス・テレワークセンターの勤務など、通常仕事をするオフィスから離れた場所で、ITを使って仕事をすることを意味します。ここで、在宅勤務はオフィスに出勤せず、社員の自宅で情報通信機器を利用して仕事をすること、モバイル勤務はノートPCなど携帯型情報機器を持ち歩き、顧客先、移動中、出張中などにネットワークを利用して仕事をすることをさします。

問9-1　貴社では在宅勤務を行っている従業員の方がいますか。

| 1．いる | 2．いない |

⇒「2．いない」の場合には、問9-4にお進み下さい。

問9-2　在宅勤務を行っている従業員の方がいる場合には、おおよその実施人数、及び正規従業員に対する実施者の比率をご記入下さい。

1．実施者数：おおよそ□□,□□□人
2．従業員に対する比率
　　　1．5％未満　　　　2．5~10％未満　　　3．10~20％未満
　　　4．20~30％未満　　5．30~40％未満　　　6．40~50％未満
　　　7．50％以上

問9-3 貴社の在宅勤務は、どのような導入の段階にありますか。右の中から該当するものをお選び下さい。

1 全社で導入している — 2 高い — 3 やや高い — 4 やや低い — 5 低い — 6 導入していない

問9-4 貴社でモバイル勤務を行っている従業員の方がいますか。

| 1. いる | 2. いない |

⇒「2．いない」の場合には、問10にお進み下さい。

問9-5 モバイル勤務を行っている従業員の方がいる場合には、おおよその実施人数、あるいは正規従業員に対する実施者の比率をご記入下さい。

1. 実施者数：おおよそ□□，□□□人
2. 従業員に対する比率
 1. 5％未満 2. 5～10％未満 3. 10～20％未満
 4. 20～30％未満 5. 30～40％未満 6. 40～50％未満
 7. 50％以上

問9-6 貴社のモバイル勤務は、どのような導入の段階にありますか。

1 全社で導入している — 2 高い — 3 やや高い — 4 やや低い — 5 低い — 6 導入していない

問9-7　貴社が在宅勤務やモバイル勤務などのテレワークを導入したねらいについてお尋ねします。それぞれのねらいに対する効果がどの程度上がっているか、該当するものを右欄からお選び下さい。

	非常に効果が上がっている	効果が上がっている	やや効果が上がっている	あまり効果が上がっていない	効果が上がっていない	全く効果が上がっていない	導入のねらいではない
1. 仕事の効率性（生産性）の向上	1	2	3	4	5	6	7
2. 社員の仕事の計画性や時間管理に対する意識や自律性の向上	1	2	3	4	5	6	7
3. 社内の情報連絡や情報共有方法についてのルール化や意識の向上によるコミュニケーション能力の向上	1	2	3	4	5	6	7
4. オフィスコストの削減	1	2	3	4	5	6	7
5. 顧客サービスの向上	1	2	3	4	5	6	7
6. 企業イメージの向上（CSRの向上）	1	2	3	4	5	6	7
7. 社員の会社に対する信頼感の向上	1	2	3	4	5	6	7
8. 優秀な人材の採用及び定着	1	2	3	4	5	6	7
9. 社員の通勤時間、移動時間の短縮	1	2	3	4	5	6	7
10. 社員のゆとりと健康的な生活の実現	1	2	3	4	5	6	7
11. 地球環境への負荷の軽減	1	2	3	4	5	6	7
12. 災害や新型インフルエンザなどへの対応（事業継続性）	1	2	3	4	5	6	7
13. 通勤困難（障がい者）への対応	1	2	3	4	5	6	7
14. 通勤困難（高齢者）への対応	1	2	3	4	5	6	7

15. 通勤困難（育児・介護）への対応	1	2	3	4	5	6	7
16. その他 （具体的に：　　　　　）	1	2	3	4	5	6	7

問9-8　テレワークを実施していく上での課題についてお尋ねします。それぞれの課題がどの程度重要なものであるか、該当するものを右欄からお選び下さい。

	非常に重要な課題である	重要な課題である	やや重要な課題である	あまり重要な課題ではない	重要な課題ではない	全く重要な課題ではない
1. 労務管理（労働時間管理など）が難しい	1	2	3	4	5	6
2. 社員の人事評価が難しい	1	2	3	4	5	6
3. 経営者のテレワークに関する理解がない	1	2	3	4	5	6
4. 中間管理職のテレワークに関する理解がない	1	2	3	4	5	6
5. テレワークに適した職種がない	1	2	3	4	5	6
6. 情報セキュリティの確保に不安がある	1	2	3	4	5	6
7. テレワーク導入の費用対効果が明確でない	1	2	3	4	5	6
8. テレワークに関する情報がない（少ない）	1	2	3	4	5	6
9. コミュニケーションがうまくできなくなる	1	2	3	4	5	6
10. 社内の情報インフラが整備されていない	1	2	3	4	5	6
11. その他 （具体的に：　　　　　　　　）	1	2	3	4	5	6

問9-9 貴社では、今後在宅勤務やモバイル勤務といった働き方を拡大していくお考えはありますか。該当するものを右欄からお選び下さい。

	全社で実施済み	全社に拡大予定	対象人数・部門を拡大予定	現状レベルを維持する予定	縮小する予定	廃止する予定
1．在宅勤務	1	2	3	4	5	6
2．モバイル勤務	1	2	3	4	5	6

問10．在宅勤務やモバイル勤務などを実施していない企業にお尋ねします。

問10-1 在宅勤務やモバイル勤務などを実施していない理由はどのようなものですか。それぞれについて「はい」、「いいえ」でお答えください。

1．在宅勤務やモバイル勤務に適した職種がない	1．はい	2．いいえ
2．労働時間管理が難しい	1．はい	2．いいえ
3．情報セキュリティの確保が難しい	1．はい	2．いいえ
4．成果の評価がしにくい	1．はい	2．いいえ
5．コミュニケーション不足になる可能性がある	1．はい	2．いいえ
6．情報機器・ネットワーク構築などに費用がかかる	1．はい	2．いいえ
7．在宅勤務やモバイル勤務の効果がよくわからない	1．はい	2．いいえ
8．会社の規模が小さいのでできない（必要ない）	1．はい	2．いいえ
9．取引先や親会社との関係からできない	1．はい	2．いいえ
10．経営者の理解が得られないと思われる	1．はい	2．いいえ
11．従業員からの要望・提案がない	1．はい	2．いいえ
12．実施したいが、どう進めてよいかわからないあるいは導入のための情報が不足している	1．はい	2．いいえ
13．その他（具体的に： ）		

問10-2 貴社では、今後在宅勤務やモバイル勤務を導入するお考えがありますか。

1．導入に向けて検討中　　2．将来の課題として検討中　　3．導入の予定なし

Appendix 2:2010年テレワーク協会アンケート(抜粋)

問1　貴社の概要についてお尋ねします。

問1-5　貴社の直近1年間の正規従業員数の増減率がおわかりでしたら、その比率を下記の中からお選び下さい。

> 1. 20%以上の減少　　　2. 10~20%の減少
> 3. 10%未満の減少　　　4. ほぼ横ばい
> 5. 10%未満の増加　　　6. 10~20%の増加
> 7. 20%以上の増加

問1-6　貴社の直近1年間の離職率がおわかりでしたら、その比率を下記の中からお選び下さい。

> 1. 1％未満　　　　　2. 1~2％未満
> 3. 2~3％未満　　　　4. 3~4％未満
> 5. 4~5％未満　　　　6. 5~10％未満
> 7. 10％以上

【以下の設問に関しては、主としてオフィス部門(工場などの生産部門以外)を対象としてご回答ください】

問2．IT化の現状についてお尋ねします。

問2-1　PCの配置台数について該当するものをお選び下さい。

問2-2　シンクライアント環境の利用状況について右の中から該当するものをお選び下さい。ここでいう「シンクライアント環境」とは、専用のシンクライアント端末のほか、USBキーなどで通常PCを用いてシンクライアント環境を実現するシステムを含みます。

問2-3　IP電話やソフトフォンなどの利用状況について右の中から該当するものをお選び下さい。

1 全社で利用している ─ 2 3/4程度の部門で利用している ─ 3 半数程度の部門で利用している ─ 4 1/4程度の部門で利用している ─ 5 ごく一部の部門で利用している ─ 6 利用していない

問2-4　インスタントメッセンジャーなどリアルタイムコミュニケーションツールの利用状況について右の中から該当するものをお選び下さい。

1 全社で利用している ─ 2 3/4程度の部門で利用している ─ 3 半数程度の部門で利用している ─ 4 1/4程度の部門で利用している ─ 5 ごく一部の部門で利用している ─ 6 利用していない

問2-5　社外からのオフィスのサーバーへのアクセスの状況について右の中から該当するものをお選びください。

1 社外でも社内と同じ業務ができる ─ 2 社外では大半の業務ができるが、一部できない ─ 3 社外では社内の半分程度の業務ができる ─ 4 社外でできる仕事は一部はできるが、大半はできない ─ 5 社外でできる業務はごく一部である ─ 6 社外からアクセスはできない

問2-6　Webカメラによる画像・動画を利用したコミュニケーションツールの利用状況について右の中から該当するものをお選び下さい。

1 全社で利用している ─ 2 3/4程度の部門で利用している ─ 3 半数程度の部門で利用している ─ 4 1/4程度の部門で利用している ─ 5 ごく一部の部門で利用している ─ 6 利用していない

問2-7　ペーパーレス化の実施状況について右の中から該当するものをお選び下さい。

1 非常に徹底したペーパーレス化を実施している ─ 2 ペーパーレス化を実施している ─ 3 ある程度ペーパーレスを実施している ─ 4 ペーパーレス化はごく一部にとどまっている ─ 5 ペーパーレス化はほとんど実施していない ─ 6 ペーパーレス化は全く実施していない

Appendix 2   173

問2-8　各種社内手続き・申請などのオンライン化の状況について右の中から該当するものをお選び下さい。

1 全てオンライン化されている
2 大半のものはオンライン化されているが、一部ができないものがある
3 半数程度はオンライン化されている
4 一部オンライン化されているが、大半はできない
5 オンライン化されているのはごく一部である
6 オンライン化はされていない

問2-9　情報セキュリティの確保のためのルールの運用状況について右の中から該当するものをお選び下さい。

1 非常に適切に運用されている
2 適切に運用されている
3 適切に運用されている
4 やや適切に運用されていない
5 適切に運用されていない
6 全く適切に運用されていない

問2-10　総合的にみた場合の貴社のセキュリティシステムの整備状況について右の中から該当するものをお選びください。

1 非常に適切に整備されている
2 適切に整備されている
3 やや適切に整備されている
4 やや適切に整備されていない
5 適切に整備されていない
6 全く適切に整備されていない

問2-11　情報セキュリティを確保するためのルールによって、日常業務に支障が出ているという意見がありますか。

1 非常に多くある
2 多くある
3 やや多くある
4 一部にある
5 ごく一部にある
6 全くない

問3. 労働時間制度についてお尋ねします。

問3-1　貴社の一般従業員（オフィスで働く非管理職の従業員）の労働時間制度で、適用されているものをそれぞれについて「はい」、「いいえ」のいずれかをお選び下さい。

1. 通常の労働時間制	1. はい	2. いいえ
2. フレックスタイム制	1. はい	2. いいえ
3. 企画業務型裁量労働制	1. はい	2. いいえ
4. 専門業務型裁量労働制	1. はい	2. いいえ
5. 事業場外労働時間制	1. はい	2. いいえ
6. 変形労働時間制	1. はい	2. いいえ

問3-2 労働時間や休暇に関連する次のような制度の活用状況について、右の欄から該当するレベルをお選び下さい。

	非常に有効に活用されている	有効に活用されている	やや有効に活用されている	やや活用されていない	活用されていない	全く活用されていない	導入されていない（制度がない）
1. 時間短縮勤務	1	2	3	4	5	6	7
2. ノー残業デイなど残業時間削減策	1	2	3	4	5	6	7
3. 半日単位の有給休暇制度	1	2	3	4	5	6	7
4. 法制度に基づく育児休業制度	1	2	3	4	5	6	7
5. 法制度に上乗せした育児休業制度	1	2	3	4	5	6	7
6. 法制度に基づく介護休業制度	1	2	3	4	5	6	7
7. 法制度に上乗せした介護休業制度	1	2	3	4	5	6	7
8. 一定の勤続年数に達した従業員に対するリフレッシュ休暇制度	1	2	3	4	5	6	7
9. 1週間をこえる連続休暇制度	1	2	3	4	5	6	7
10. 有給休暇制度の取得促進施策	1	2	3	4	5	6	7

問4. 人事評価に関連する次のような制度の運用状況について、右の欄から該当するレベルをお選び下さい。

	非常に適正に運用されている	適正に運用されている	やや適正に運用されている	やや適正に運用されていない	適正に運用されていない	全く適正に運用されていない	導入されていない（制度がない）
1. 目標管理	1	2	3	4	5	6	7
2. 成果や業績に基づく人事評価	1	2	3	4	5	6	7

問5. 社内のコミュニケーションについてお尋ねします。コミュニケーションの種類別に、右の欄から該当するレベルをお選び下さい。

（注）フォーマル・コミュニケーション：業務上必要なコミュニケーション
　　　インフォーマル・コミュニケーション：業務とは直接関係ないコミュニケーション

	非常に円滑である	円滑である	やや円滑である	やや円滑でない	円滑でない	全く円滑でない
1. 組織内の縦の（垂直的な）フォーマル・コミュニケーション	1	2	3	4	5	6
2. 組織横断的な横の（水平的な）フォーマル・コミュニケーション	1	2	3	4	5	6
3. 組織内の縦の（垂直的な）インフォーマル・コミュニケーション	1	2	3	4	5	6
4. 組織横断的な横の（水平的な）インフォーマル・コミュニケーション	1	2	3	4	5	6
5. 全社レベルでのワイワイ・ガヤガヤ的な雰囲気	1	2	3	4	5	6

問6. ワークライフバランス、ダイバーシティ、CSR（企業の社会的責任）などについてお尋ねします。

問6-1　貴社では、ワークライフバランス、ダイバーシティ、CSRなどを担当する専門の部署を設置していますか。

	設置している	設置を検討中	設置していない
1. ワークライフバランス担当部門	1	2	3
2. ダイバーシティ担当部門	1	2	3
3. CSR担当部門	1	2	3

問6-2　ワークライフバランスやダイバーシティ向上に関連する次のような制度の活用状況について、右の欄から該当するレベルをお選び下さい。

	非常に有効に活用されている	有効に活用されている	やや有効に活用されている	やや活用されていない	活用されていない	全く活用されていない	導入されていない（制度がない）
1. 企業内保育施設の設置	1	2	3	4	5	6	7
2. 子育て後の女性の再雇用	1	2	3	4	5	6	7
3. 出産・育児期のフレキシブルな勤務時間	1	2	3	4	5	6	7
4. 配偶者の出産時の男性の休暇制度	1	2	3	4	5	6	7
5. 男性の育児・介護休業取得促進	1	2	3	4	5	6	7
6. 勤務地限定社員制度	1	2	3	4	5	6	7
7. 女性の管理職への積極登用	1	2	3	4	5	6	7
8. 介護などの情報提供・相談機能	1	2	3	4	5	6	7
9. 障がい者の積極雇用	1	2	3	4	5	6	7
10. 高齢者の積極雇用	1	2	3	4	5	6	7

問7．従業員の満足度やモチベーション・モラールアップについてお尋ねします。ここでいうモラールは、従業員の士気（やる気）のことで、倫理観や道徳観を意味する「モラル」とは異なります。

問7-1　貴社では従業員満足度調査やモチベーション・モラールに関する社内調査などを定期的に行っていますか。

1. 従業員満足度調査	1. 実施している　2. 実施していない
2. モチベーション・モラールに関する調査	1. 実施している　2. 実施していない

問7-2　モチベーション・モラール向上に関連する次のような教育・研修について、右の欄から該当するレベルをお選び下さい。

	非常に頻繁に実施している	頻繁に実施している	やや頻繁に実施している	必要に応じて実施している	ほとんど実施していない	全く実施していない
1. 新入社員に対する教育・研修	1	2	3	4	5	6
2. 一般社員に対する教育・研修	1	2	3	4	5	6
3. 管理職に対する教育・研修	1	2	3	4	5	6

問7-3　貴社の社員のモチベーションやモラールについて、同業他社と比較した場合にどのようなレベルにあると思いますか。右の中から該当するものをお選び下さい。

問7-4　貴社の社員の創造性について、どのようなレベルにあると思いますか。右の中から該当するものをお選び下さい。

1 非常に高い ── 2 高い ── 3 やや高い ── 4 やや低い ── 5 低い ── 6 非常に低い

問8．オフィス環境などについてお尋ねします。

問8-1　貴社ではフリーアドレスレイアウトを導入していますか。右の中から該当するものをお選び下さい。

1 全社で導入している ── 2 ⅔程度の部門で導入している ── 3 半数程度の部門で導入している ── 4 ⅓程度の部門で導入している ── 5 ごく一部の部門で導入している ── 6 導入していない

問8-2　貴社では自社内の他事業所の立ち寄り型オフィスなど、自席以外での仕事ができる環境が整備されていますか。右の中から該当するものをお選び下さい。

問8-3　貴社では民間のレンタルオフィスなど、社内の自席以外での仕事ができる環境が整備されていますか。右の中から該当するものをお選び下さい。

1 非常によく整備されている　2 よく整備されている　3 やや整備されている　4 あまり整備されていない　5 整備されていない　6 全く整備されていない

問8-4　オフィス環境の機能性について、右の中から該当するものをお選び下さい。

1 非常に機能性が高い　2 機能性が高い　3 やや機能性が高い　4 やや機能性は低い　5 機能性は低い　6 非常に機能性は低い

問9．テレワークの実施状況などについてお尋ねします。ここでいうテレワークには、在宅勤務、モバイル勤務、サテライトオフィス・テレワークセンターの勤務など、通常仕事をするオフィスから離れた場所で、ITを使って仕事をすることを意味します。ここで、<u>在宅勤務はオフィスに出勤せず、社員の自宅で情報通信機器を利用して仕事をすること</u>、<u>モバイル勤務はノートPCなど携帯型情報機器を持ち歩き、顧客先、移動中、出張中などにネットワークを利用して仕事をすること</u>をさします。

問9-1　貴社では在宅勤務を行っている従業員の方がいますか。

問9-2　貴社の在宅勤務は、どのような導入の段階にありますか。右の中から該当するものをお選び下さい。

1 全社員が実施できる　2 3/4程度の社員が実施できる　3 半数程度の社員が実施できる　4 1/4程度の社員が実施できる　5 ごく一部の社員が実施できる　6 導入していない

⇒「6　導入していない」の場合には、問9-6にお進み下さい。

問9-3　在宅勤務を行っている従業員の方がいる場合には、おおよその実施人数、及び<u>正規従業員に対する実施者の比率</u>をご記入下さい。

> 1. 実施者数：おおよそ□□,□□□人
> 2. 従業員に対する比率
>   1. 5％未満　　　　　2. 5~10%未満　　　　3. 10~20%未満
>   4. 20~30%未満　　　5. 30~40%未満　　　　6. 40~50%未満
>   7. 50%以上

問9-4　在宅勤務はどの程度の頻度で実施されていますか。典型的な在宅勤務実施従業員のケースで回答下さい。1日のうち、一部の時間だけ在宅勤務を行った場合には、行った時間を合計して8時間を1日として考えて下さい。例えば、1日2時間の在宅勤務を週に4日行った場合には、2時間×4＝1日（8時間）として下さい。

1 ほぼ毎日在宅勤務 ―― 2 週に3～4日程度 ―― 3 週に1～2日程度 ―― 4 二週間に1日程度 ―― 5 月に1日程度 ―― 6 緊急時のみ実施

問9-5　在宅勤務を実施するための社内制度はありますか（就業規則や就業規則の付則などで在宅勤務のルールを定めていますか）。

> 1. 社内制度がある　　　　　2. 社内制度はない

問9-6　貴社でモバイル勤務を行っている従業員の方がいますか。

> 1. いる　　　　　　　　　　2. いない

問9-7　貴社のモバイル勤務は、どのような導入の段階にありますか。

1 全社員が実施できる ―― 2 3/4程度の社員が実施できる ―― 3 半数程度の社員が実施できる ―― 4 1/4程度の社員が実施できる ―― 5 ごく一部の社員が実施できる ―― 6 導入していない

⇒<u>「6　導入していない」の場合には、問9-10にお進み下さい。</u>

問9-8 モバイル勤務を行っている従業員の方がいる場合には、おおよその実施人数、及び<u>正規従業員に対する実施者の比率</u>をご記入下さい。

1. 実施者数：おおよそ□□,□□□人
2. 従業員に対する比率
   1. 5％未満
   2. 5～10％未満
   3. 10～20％未満
   4. 20～30％未満
   5. 30～40％未満
   6. 40～50％未満
   7. 50％以上

問9-9 モバイル勤務を実施するための社内制度はありますか（就業規則や就業規則の付則などで在宅勤務のルールを定めていますか）。

1. 社内制度がある
2. 社内制度はない

問9-10 貴社が在宅勤務やモバイル勤務などのテレワークを導入したねらいについてお尋ねします。それぞれのねらいに対する効果がどの程度上がっているか、該当するものを右欄からお選び下さい。<u>まだテレワークを導入していない企業の場合には、仮に導入した場合の効果を想定して回答下さい。</u>

	非常に効果が上がっている(上がると思う)	効果が上がっている(上がると思う)	やや効果が上がっている(上がると思う)	あまり効果が上がっていない(上がらないと思う)	効果が上がっていない(上がらないと思う)	全く効果が上がっていない(上がらないと思う)	導入のねらいではない
1. 仕事の効率性（生産性）の向上	1	2	3	4	5	6	7
2. 社員の仕事の計画性や時間管理に対する意識や自律性の向上	1	2	3	4	5	6	7
3. 社内の情報連絡や情報共有方法についてのルール化や意識の向上によるコミュニケーション能力の向上	1	2	3	4	5	6	7
4. オフィスコストの削減	1	2	3	4	5	6	7
5. 顧客サービスの向上	1	2	3	4	5	6	7
6. 企業イメージの向上（CSRの向上）	1	2	3	4	5	6	7
7. 社員の会社に対する信頼感の向上	1	2	3	4	5	6	7
8. 優秀な人材の採用及び定着	1	2	3	4	5	6	7
9. 社員の通勤時間、移動時間の短縮	1	2	3	4	5	6	7
10. 社員のゆとりと健康的な生活の実現	1	2	3	4	5	6	7
11. 地球環境への負荷の軽減	1	2	3	4	5	6	7
12. 災害や新型インフルエンザなどへの対応（事業継続性）	1	2	3	4	5	6	7

13. 通勤困難（障がい者）への対応	1	2	3	4	5	6	7
14. 通勤困難（高齢者）への対応	1	2	3	4	5	6	7
15. 通勤困難（育児・介護）への対応	1	2	3	4	5	6	7
16. その他 （具体的に：　　　　）	1	2	3	4	5	6	7

問9-11　テレワークを実施していく上での課題についてお尋ねします。それぞれの課題がどの程度重要なものであるか、該当するものを右欄からお選び下さい。まだテレワークを導入していない企業の場合には、仮に導入した場合の課題を想定して回答下さい。

	非常に重要な課題である	重要な課題である	やや重要な課題である	あまり重要な課題ではない	重要な課題ではない	全く重要な課題ではない
1. 労務管理（労働時間管理など）が難しい	1	2	3	4	5	6
2. 社員の人事評価が難しい	1	2	3	4	5	6
3. 経営者のテレワークに関する理解がない	1	2	3	4	5	6
4. 中間管理職のテレワークに関する理解がない	1	2	3	4	5	6
5. テレワークに適した職種がない	1	2	3	4	5	6
6. 情報セキュリティの確保に不安がある	1	2	3	4	5	6
7. テレワーク導入の費用対効果が明確でない	1	2	3	4	5	6
8. テレワークに関する情報が少ない（ない）	1	2	3	4	5	6
9. コミュニケーションがうまくできなくなる	1	2	3	4	5	6
10. 社内の情報インフラが整備されていない	1	2	3	4	5	6
11. その他 （具体的に：　　　　）	1	2	3	4	5	6

Appendix 2   183

【在宅勤務やモバイル勤務などを実施している企業にお尋ねします。<u>実施していない企業は問9-13にお進み下さい。</u>】

問9-12　貴社では、今後在宅勤務やモバイル勤務といった働き方を拡大していくお考えはありますか。該当するものを右欄からお選び下さい。

	全社で実施済み	全社に拡大予定	対象人数・部門を拡大予定	現状レベルを維持する予定	縮小する予定	廃止する予定	導入していない
1. 在宅勤務	1	2	3	4	5	6	7
2. モバイル勤務	1	2	3	4	5	6	7

【在宅勤務やモバイル勤務などを実施していない企業にお尋ねします。<u>既にテレワークを実施している企業は問10にお進み下さい。</u>】

問9-13　在宅勤務やモバイル勤務などを実施していない理由はどのようなものですか。それぞれについて「はい」、「いいえ」でお答えください。

1. 在宅勤務やモバイル勤務に適した職種がない　　　1. はい　　2. いいえ
2. 労働時間管理が難しい　　　　　　　　　　　　　1. はい　　2. いいえ
3. 情報セキュリティの確保が難しい　　　　　　　　1. はい　　2. いいえ
4. 成果の評価がしにくい　　　　　　　　　　　　　1. はい　　2. いいえ
5. コミュニケーション不足になる可能性がある　　　1. はい　　2. いいえ
6. 情報機器・ネットワーク構築などに費用がかかる　1. はい　　2. いいえ
7. テレワーク施設の利用や在宅勤務を行うための
　　費用負担が発生する　　　　　　　　　　　　　1. はい　　2. いいえ
8. テレワークを導入したときの費用対効果が
　　明確でない　　　　　　　　　　　　　　　　　1. はい　　2. いいえ
9. 在宅勤務やモバイル勤務の効果がよくわからない　1. はい　　2. いいえ
10. 会社の規模が小さいのでできない(必要ない)　　 1. はい　　2. いいえ
11. 取引先や親会社との関係からできない　　　　　　1. はい　　2. いいえ
12. 経営者の理解が得られないと思われる　　　　　　1. はい　　2. いいえ
13. 従業員からの要望・提案がない　　　　　　　　　1. はい　　2. いいえ
14. 実施したいが、どう進めてよいかわからない
　　あるいは導入のための情報が不足している　　　1. はい　　2. いいえ
15. その他(具体的に：　　　　　　　　　　　　　　)

問9-14　貴社では、今後在宅勤務やモバイル勤務を導入するお考えがありますか。

1. 導入に向けて検討中　　2. 将来の課題として検討中　　3. 導入の予定なし

問10　すべての企業の方にお尋ねします。「テレワーク」という言葉を聞いたときに思い浮かべるイメージについて、あなたのお考えに合致すると思われるものをお選びください。

	全くそう思う	そう思う	ややそう思う	あまりそうは思わない	そうは思わない	全くそうは思わない
1. オフィスに出勤せず、毎日自宅で仕事をする働き方	1	2	3	4	5	6
2. とても効率的な働き方	1	2	3	4	5	6
3. 従業員にとって楽な働き方	1	2	3	4	5	6
4. 従業員にプレッシャーがかかる働き方	1	2	3	4	5	6
5. 特定の専門職に限られる働き方	1	2	3	4	5	6
6. 情報漏えいが心配になる働き方	1	2	3	4	5	6
7. コストがかかる働き方	1	2	3	4	5	6
8. ITスキルがないとできない働き方	1	2	3	4	5	6
9. パンデミック対策などに有効な働き方	1	2	3	4	5	6
10. 育児や介護を抱えている従業員のための働き方	1	2	3	4	5	6
11. 障がい者のための働き方	1	2	3	4	5	6
12. 企業の競争力を高めるための働き方	1	2	3	4	5	6
13. ネットワーク時代の働き方	1	2	3	4	5	6
14. 欧米的（外資系的）な働き方	1	2	3	4	5	6

Appendix 3：2005年テレワーク協会アンケート（抜粋）

Q2-1．この検証調査を開始してから今日までに在宅勤務を何日実施しましたか。

Q3-1．在宅勤務日とオフィス勤務日を比較して見た場合、在宅勤務時の生産性は向上していると思いますか。定型的業務と創造的業務に分けて回答してください。

　　定型的業務
　　　　1．非常に向上した　　2．やや向上した　　3．変化なし
　　　　4．やや低下した　　　5．非常に低下した
　　創造的業務
　　　　1．非常に向上した　　2．やや向上した　　3．変化なし
　　　　4．やや低下した　　　5．非常に低下した

Q3-2．（生産性の向上あるいは低下した場合）どの程度生産性は向上（あるいは低下）していると思いますか。定型的業務と創造的業務に分けて回答して下さい。

　　定型的業務
　　　　1．非常に向上した　　2．やや向上した　　3．変化なし
　　　　4．やや低下した　　　5．非常に低下した
　　創造的業務
　　　　1．非常に向上した　　2．やや向上した　　3．変化なし
　　　　4．やや低下した　　　5．非常に低下した

Q3-3．在宅勤務を始めて以降、オフィスで勤務した時の生産性に変化はありましたか。
　　　　1．非常に向上した　　2．やや向上した　　3．変化なし
　　　　4．やや低下した　　　5．非常に低下した

Q3-5．在宅勤務を実施することにより、新しい発想やアイディアを構想したり、業務に活かすような機会が増えましたか。
　　　　1．非常に増加した　　2．やや増加した　　3．変化なし
　　　　4．やや減少した　　　5．非常に減少した

Q3-11．（チームで仕事をすることが多い場合）在宅勤務によってチームとしての生産性は向上していると思いますか。
　　　　1．非常に向上した　　2．やや向上した　　3．変化なし
　　　　4．やや低下した　　　5．非常に低下した

Q3-14．在宅勤務を実施することによってチームメンバー相互の信頼感に変化はありましたか。
　　　　1．非常に信頼感が高まった　　2．やや信頼感が高まった　　3．変化なし
　　　　4．やや信頼感が低下した　　　5．非常に信頼感が低下した

Q3-17. あなたの主なコミュニケーションの相手は誰ですか。主な相手と次に多い相手の番号を下欄に記入してください。
  1.　同じ部門の同僚　　2.　上司　　3.　社内の他部門のスタッフ
  4.　社外の取引先　　5.　その他

Q3-18. 最も多く利用しているコミュニケーションの手段はどのようなものですか。主なものと次に多いものの番号を、在宅勤務とオフィス勤務ごとに下欄に記入してください。
  1.　フェース・ツー・フェースのコミュニケーション　　2.　電話　　3.　電子メール
  4.　インスタントメッセンジャー　　　　　　5.　ファックス　　6.　その他

Q3-19. 在宅勤務を行う前と比べて、以下のコミュニケーションについてどのように感じていますか。

Q3-19-1．取引先や社外の人と直接会って行うコミュニケーション
  1.　増加している　　　2.　やや増加している　　3.　変化なし
  4.　やや減少している　5.　減少している

Q3-19-2．上司と直接会って行うコミュニケーション
  1.　増加している　　　2.　やや増加している　　3.　変化なし
  4.　やや減少している　5.　減少している

Q3-19-3．同僚やチームメンバーと直接会って行うコミュニケーション
  1.　増加している　　　2.　やや増加している　　3.　変化なし
  4.　やや減少している　5.　減少している

Q3-19-4．直接会って行う会議や打ち合わせの頻度
  1.　増加している　　　2.　やや増加している　　3.　変化なし
  4.　やや減少している　5.　減少している

Q3-19-5．直接会って行う会議や打ち合わせの1回当たりの時間
  1.　増加している　　　2.　やや増加している　　3.　変化なし
  4.　やや減少している　5.　減少している

Q3-19-6．直接会わないで連絡・調整を行うための電話や電子メースの数
  1.　増加している　　　2.　やや増加している　　3.　変化なし
  4.　やや減少している　5.　減少している

Q3-19-7．書類や資料などの送付のために郵便や宅配便を使用する頻度
  1.　増加している　　　2.　やや増加している　　3.　変化なし
  4.　やや減少している　5.　減少している

Appendix 4：2010・2012年エフエム・ソリューション社アンケート（抜粋）

●あなたご自身について当てはまるもの1つに○印または数字等をご記入ください。
・性別： 男　　　女
・年齢： 20歳代　30歳代　40歳代　50歳代　60歳以上
・役職： 一般職クラス　係長クラス　課長クラス　部長クラス　役員
・あなたの職種は以下のうちどれに当たりますか。
　　　総務・人事・経理、資材・購買・調達、企画・計画、研究・開発、設計・技術、営業・販売、生産管理・製造管理、その他（　　　　　　　　）
・あなたの勤めている企業の業種は以下のうちどれに当たりますか。
　　　建設、製造、運輸、情報通信、金融、流通、不動産、その他サービス、行政・公共機関、教育・研究機関、その他（　　　　　　　　）
・あなたの勤めている企業の従業員数は以下のうちどれに当たりますか。
　　　10人以下　~50人　~100人　~300人　~1,000人　1,001人以上
・あなたの会社ではフリーアドレス方式（自由に席を選べる）を導入していますか。
　　　1．全く導入していない　2．一部でのみ導入している　3．全社的に導入している
・あなたの会社ではテレワーク制度（職場以外で週に1日以上の勤労）を導入していますか。
　　　1．全く導入していない　2．一部でのみ導入している　3．全社的に導入している

●以下の各質問項目について、左右のキーワードを両端とするそれぞれの特徴のうち、あなたご自身やあなたの働いている職場の状況に最も近いと思われる番号1つに○をお付けください（企業以外にお勤めの方は、設問中の「会社」をそれぞれの機関に置き換えてお答えください）。
　なお1から6の選択肢の解釈は，次の例を参考にしてください。
　　　　　　例　A　1-2-3-4-⑤-6　B
　　　　　1：Aである　　　　　　　　4：どちらかといえばBである
　　　　　2：ややAである　　　　　　5：ややBである
　　　　　3：どちらかといえばAである　6：Bである

1．あなたご自身についてお聞きします。
Q1：あなたは、仕事仲間や上司から期待されていますか。
　　　　　　大いに期待されている　1-2-3-4-5-6　全く期待されていない
Q2：あなたは、他部門との間で独自の情報やノウハウなどを相互にやり取りしていますか。
　　　　　　非常に頻繁に行なっている　1-2-3-4-5-6　全く行なっていない
Q3：あなたの仕事の進め方は、理屈よりも感性を重視して進める傾向がありますか。
　　　　　　大変理屈を重視する　1-2-3-4-5-6　大変感性を重視する

Q4：あなたは、書籍や周囲の人からの知識をどの程度積極的にとりこもうと努力していますか。
常日頃から積極的に努力している　1-2-3-4-5-6　ほとんど努力していない

Q5：あなたは、日々、仕事に夢中になって、時間が知らぬ間に過ぎていくという感じを持つことがどの程度ありますか。
　　　　　　　　　　　全くない　1-2-3-4-5-6　大いにある

Q6：あなたは、会社の経営理念や経営目標を身近なものに感じますか。
　　　　　　　　　全く感じない　1-2-3-4-5-6　大いに感じる

Q7：あなたは、仕事上で、日頃、自分なりの工夫をしようと努力していますか。
　　　　　　　全く努力していない　1-2-3-4-5-6　非常に努力している

Q8：あなたは、あなたの主張、行動によって多くの人に影響を与えたいと思いますか。
　　　　　　全く影響を与えたくない　1-2-3-4-5-6　大いに影響を与えたい

Q9：仕事上で、困難なことや問題点、障害に出くわした場合、それらを克服していこうとする、あなたの忍耐力や意思の強さはどの程度だと思いますか。
　　　　　　　　　　非常に弱い　1-2-3-4-5-6　非常に強い

Q10：あなたは、会社で仕事をしている際、仕事に貢献するようなアイデアがわいてきますか。
　　　　　　　　　全くわかない　1-2-3-4-5-6　大いにわく

Q11：あなたは自分の創意あるいは専門的な知識や技能が、仕事をやる上で、十分に生かされていると思いますか。
　　　　　　　　　全く思わない　1-2-3-4-5-6　常に思う

Q12：この会社のためなら、あなたは一生懸命働いてもいいと思いますか。
　　　　　　　　　全く思わない　1-2-3-4-5-6　常に思う

Q13：あなたは仕事をする際、習慣を打ち破り、新しいことに挑戦しようという意識がどの程度強いですか。
　　　　　　　　　　非常に弱い　1-2-3-4-5-6　非常に強い

Q14：あなたは、仕事に必要な知識や技術を習得する努力をしていますか。
　　　　　　　全く努力していない　1-2-3-4-5-6　非常に努力している

Q15：あなたは、仕事のやり方を第3者視点でどの程度改善しようと努力していますか。
　　　　　ほとんど努力していない　1-2-3-4-5-6　常日頃から積極的に努力している

Q16：あなたは、同じ職場以外の外部の人から情報を得られるような人的なネットワークをどの程度作ろうと努力していますか。
　　　　　ほとんど努力していない　1-2-3-4-5-6　常日頃から積極的に努力している

Q17：あなたは、職場のメンバーの良いところを取り入れようとしていますか。
ほとんど取り入れようとしていない　1-2-3-4-5-6　常日頃から積極的に取り入れようとしている

Q18：あなたは、仕事以外の時間で仕事を意識した学習をしようとしていますか。
ほとんど学習しようとしていない　1-2-3-4-5-6　常日頃から積極的に学習しようとしている

Q19：あなたは、業務上の目標をやり抜く強い意志をどの程度持っていますか。
　　　　　　　　ほとんど<u>持っていない</u>　1-2-3-4-5-6　非常に強く<u>持っている</u>
Q20：あなたは、会社の<u>方針</u>をどの程度理解した上で毎日の業務を行おうとしていますか。
　　　　　　　　ほとんど<u>行おうとしていない</u>　1-2-3-4-5-6　常日頃から積極的に行おうとしている
Q21：あなたは、会社または組織の中での<u>自分の役割</u>を意識して<u>仕事</u>をしていますか。
　　　　　　　　ほとんど<u>意識していない</u>　1-2-3-4-5-6　常日頃から非常に意識している
Q22：あなたは、会社から認められるよう<u>努力</u>をしていますか。
　　　　　　　　ほとんど<u>努力していない</u>　1-2-3-4-5-6　常日頃から積極的に努力している
Q23：あなたは、一日中、<u>疲れ</u>を感じることなく働けますか。
　ほとんど感じることなく働くことができる　1-2-3-4-5-6　あまり<u>働くことができない</u>

2．あなたの働いている職場の状況についてお聞きします。

Q24：あなたの部門では、個人が外部から得た<u>情報</u>を組織で共有していますか。
　　　　　　常日頃から積極的に共有するようにしている　1-2-3-4-5-6　お互いに<u>共有することはほとんどない</u>
Q25：あなたの職場のメンバーは、毎朝会社に出勤したときや帰り際に、同僚や上司に「おはようございます」「お先に失礼します」など、<u>挨拶</u>をどの程度してますか。
　　　　　　常日頃から積極的に挨拶している　1-2-3-4-5-6　ほとんど<u>挨拶していない</u>
Q26：あなたの部門では、部門間やセクション間（水平的）および担当部署の上下間（垂直的）で<u>業務上の意見交換・情報共有</u>は活発ですか。フォーマルな面とインフォーマルな面のそれぞれについてお答えください。
　　・<u>部門間やセクション間</u>（水平的）
　　　　　　　フォーマル　　非常に活発　1-2-3-4-5-6　全く<u>活発でない</u>
　　　　　　　インフォーマル　非常に活発　1-2-3-4-5-6　全く<u>活発でない</u>
　　・<u>担当部署の上下間</u>（垂直的）
　　　　　　　フォーマル　　非常に活発　1-2-3-4-5-6　全く<u>活発でない</u>
　　　　　　　インフォーマル　非常に活発　1-2-3-4-5-6　全く<u>活発でない</u>
Q27：あなたの部門の正規従業員のやる気の高さは、他の部門と比べておおむねどの程度ですか。
　　　　　　　　　　非常に高い　1-2-3-4-5-6　非常に<u>低い</u>
Q28：あなたの職場のメンバーは、<u>協力してもらえる人</u>を探しながら仕事を進めることがよくありますか。
些細なことでも協力しながら仕事を進めている　1-2-3-4-5-6　<u>協力せずに仕事を進めている</u>
Q29：あなたの部門では、互いに<u>休暇を取りやすい</u>ような<u>工夫や配慮</u>（仲間でカバーし合うなど）をどの程度していますか。
　　　　　　常日頃から積極的に配慮している　1-2-3-4-5-6　ほとんど<u>配慮していない</u>
Q30：あなたの職場のメンバーは、いろいろな人によく<u>相談</u>をしていますか。
　　　　　　常日頃から随時相談しあっている　1-2-3-4-5-6　お互いに<u>相談することはほとんどない</u>

Q31：あなたの部門では、他の部門と比べて従業員相互間で十分な<u>信頼関係</u>がありますか。
　　　　　　　　　　十分ある　1-2-3-4-5-6　全く<u>ない</u>
Q32：あなたの職場のメンバーは、<u>互いの性格</u>を良く知っていますか。
　　　　　　　　常に良く知っている　1-2-3-4-5-6　ほとんど<u>知らない</u>
Q33：あなたの職場のメンバーは、自分自身の判断や考え方で<u>主体的に仕事を進められている</u>部分が多いと思いますか。
　　　　　自分の判断で進められることが多い　1-2-3-4-5-6　<u>自分の判断では進められない</u>
Q34：あなたの職場では、あらかじめ決められた業務範囲を<u>外れる仕事</u>をどの程度許容されていますか。
　　　　　　各担当者に大いに許されている　1-2-3-4-5-6　<u>全く許されていない</u>
Q35：あなたの部門では、<u>業務上発生する社内調整</u>はどの程度行いやすいですか。
　　　　　　　　調整は非常に容易に行える　1-2-3-4-5-6　調整は非常に<u>行いづらい</u>
Q36：あなたの会社では、<u>組織変更を</u>どの程度頻繁に実施していますか。
　　　　　　組織変更をよく実施している　1-2-3-4-5-6　組織変更を実施することは<u>ほとんどない</u>
Q37：あなたの会社では、職場での改善点を見いだした場合、それがすぐに<u>受け入れられ実現</u>されますか。
　　　　　　　　　　全く<u>実現しない</u>　1-2-3-4-5-6　すぐに実現される
Q38：あなたの仕事に対して、<u>権限委譲</u>はどの程度なされていますか。
　　　　　　　全く<u>権限委譲されていない</u>　1-2-3-4-5-6　完全に権限委譲されている
Q39：あなたの会社では、<u>部門の枠を超えたメンバー</u>で仕事をすることがありますか。
部門の枠を超えて仕事をすることは<u>ほとんどない</u>　1-2-3-4-5-6　部門の枠を超えて仕事をすることが多い
Q40：あなたの会社では、仕事に取り組む時、<u>自由な雰囲気での意見交換</u>をすることが多いですか。
　　　　　　　　　　非常に<u>少ない</u>　1-2-3-4-5-6　非常に多い
Q41：あなたの職場では、個々の業務の<u>自由裁量度</u>は高いですか。
　　　　　　　　　　非常に<u>低い</u>　1-2-3-4-5-6　非常に高い
Q42：あなたの部門では、<u>新しいことに挑戦して失敗した人</u>を、従来通りにやって並みの成果を上げた人と比べて、どのように評価していますか。
　　　　　　　　非常に低く<u>評価する</u>　1-2-3-4-5-6　非常に高く評価する
Q43：あなたの部門では、報酬に対する<u>成果主義のウェイト</u>は今後高まっていくと思いますか。
　　　　　　　　　全くそう<u>思わない</u>　1-2-3-4-5-6　非常にそう思う
Q44：あなたの部門では、他部門に積極的に独自の<u>情報やノウハウなどを提供</u>していますか。
　　　　　　　　ほとんど<u>提供していない</u>　1-2-3-4-5-6　常日頃から積極的に提供している
Q45：あなたの会社では、仕事を通じて、自分の望む専門的な知識や技能を学べる<u>機会</u>は多いですか。
　　　　　　　　機会は<u>ほとんどない</u>　1-2-3-4-5-6　常日頃から機会が非常に多い

Q46：あなたの職場は、業務に応じて適切なスキルを持った人が配置されていますか。

　　　　ほとんど配置されていない　1-2-3-4-5-6　非常に適切に配置されている

参 考 文 献

【和 文】

明石芳彦『漸進的改良型イノベーションの背景』有斐閣，2002。
伊丹敬之『場の論理とマネジメント』東洋経済新報社，2005。
井上達彦 「〈EDI インターフェースと企業間の取引形態〉の相互依存性」『組織科学』Vol. 36, No. 3, 2003, pp. 74-91。
今井賢一(編著)『情報技術と経済文化』NTT 出版，2002。
ウェイバー, B.『職場の人間科学』千葉敏生(訳)，早川書房，2014。
ウェンガー，E. C.・スナイダー，W. M.「「場」のイノベーション・パワー」『ダイヤモンド・ハーバード・ビジネス・レビュー』August, 2001, pp. 120-129。
ウォレス，P.『インターネットの心理学』川浦康至・貝塚泉(訳)，NTT 出版，2001。
太田肇『日本人ビジネスマン「見せかけの勤勉」の正体』PHP 研究所，2010。
─── 『承認とモチベーション』同文舘出版，2011。
大沢真知子『ワークライフバランス社会へ』岩波書店，2006。
大藪毅『長期雇用制組織の研究』中央経済社，2009。
─── 「柔軟賃借的働き方と人材マネジメント」『組織科学』Vol. 44, No. 2, pp. 44-60, 2010。
岡本大輔・古川靖洋・佐藤和・馬場杉夫『深化する日本の経営』千倉書房，2012。
───・───・大柳康司・安國煥・関口了祐・陶臻彦「コーポレート・ガバナンスと企業業績」『三田商学研究』第44巻第 4 号，pp. 223-254, 2001。
───・───・佐藤和・梅津光弘・安國煥・山田敏之「続・総合経営力指標コーポレートガバナンス・マネジメント全般と企業業績2009」『三田商学研究』第53巻第 5 号，pp. 43-63, 2010。
───・───・───・───・山田敏之・篠原欣貴「続・総合経営力指標コーポレートガバナンス・マネジメント全般と企業業績2011」『三田商学研究』第55巻第 4 号，pp. 65-92, 2012。
沖塩荘一郎・吉田邦彦・仲隆介『変化するオフィス』丸善，1996。
オフィスビルディング研究所・オフィスビル総合研究所(編著)『オフィスビル2030』白揚社，2014。
川端大二「教育訓練・能力開発」『組織の行動科学』三隅二不二・山田雄一・南隆夫(編)，pp. 124-144, 1988。
上林憲雄『異文化の情報技術システム』千倉書房，2001。
木下巌・比嘉邦彦「日本企業の経営課題解決のためのテレワーク導入についての一考察」『日本テレワーク学会誌』Vol. 6, No. 1, pp. 1-15, 2008。

――――・――――「企業 BPR 戦略としてのテレワークに関する一考察　日本企業の例」『日本テレワーク学会誌』Vol. 6, No. 1, pp. 33-45, 2008。
鯨井康志(編著)『オフィス進化論』日経 BP 企画, 2005。
公文俊平「日本型モデルのネットワーク・アプローチ」『日本型モデルとは何か：国際化時代におけるメリットとデメリット』濱口惠俊(編著), 新曜社, 1993, pp. 105-118。
慶應戦略経営研究グループ『「組織力」の経営』中央経済社, 2002。
経済産業省経済産業政策局産業人材政策室『平成12年度版　総合経営力指標(製造業編)』財務省印刷局, 2002。
河野豊弘・クレグ, S.『日本的経営の変革』有斐閣, 2002。
神戸大学経営学研究室(編)『経営学大辞典』中央経済社, 1988。
国土交通省『テレワーク人口実態調査』各年度版。
　　　http://www.mlit.go.jp/crd/daisei/telework/p2.html (2015. 7. 30. 閲覧)
國領二郎「ネットワーク時代における協働の組織化について」『組織科学』Vol. 34, No. 4, pp. 4-14, 2001。
小橋勉「あいまい性, 多義性, 不確実性」『日本経営学会誌』第 8 号, pp. 43-53, 2002。
コリンズ, J. C.『ビジョナリーカンパニー②飛躍の法則』日経 BP 社, 2001。
これからの賃金制度のあり方に関する研究会(編)『企業における多様な働き方と賃金制度：ワークライフバランスへの対応』雇用情報センター, 2005。
近能善範「「「戦略論」及び「企業間関係論」と「構造的埋め込み理論」(2)」『赤門マネジメント・レビュー』第 1 巻第 6 号, pp. 1-23, 2002。
斎藤智文(著), Great Place to Work Institute Japan(編)『働きがいのある会社』労務行政, 2008。
佐々木俊尚『仕事するのにオフィスはいらない』光文社新書, 2009。
佐藤彰男『テレワークの社会学的研究』御茶の水書房, 2006。
――――『テレワーク：「未来型労働」の実現』岩波新書, 2008。
佐藤和「ハイブリッドとしての日本文化」『三田商学研究』第45巻第 5 号, pp. 113-134, 2002。
佐堀大輔「組織的テレワーク導入に向けた課題に関する一考察」『日本テレワーク学会誌』Vol. 1, No. 1, pp. 79-96, 2002。
清水龍瑩『現代企業評価論』中央経済社, 1981。
――――『企業成長論』中央経済社, 1984。
――――『社長のための経営学』千倉書房, 1999。
下崎千代子「テレワークと日本的人事システム変革の適合と矛盾」『国民経済雑誌』第184巻第 1 号, pp. 1-17, 2001。
――――・小島敏宏(編著)『少子化時代の多様で柔軟な働き方の創出：ワークライフバランス実現のテレワーク』学文社, 2007。
小豆川裕子・福田和久・眞崎昭彦・野口邦夫・吉澤康代「働き方の「多様化」と HRM にお

けるテレワークの役割」『日本テレワーク学会誌』Vol. 3, No. 1, pp. 13-33, 2004。

新世代ワークプレイス研究センター(編)『NEOBook5 消えゆく境界,つながりのデザイン』北斗書房,2014。

杉田繁治 「高度情報社会における日本型システム」『日本型モデルとは何か：国際化時代におけるメリットとデメリット』濱口惠俊(編著),新曜社,1993,pp. 317-329。

総務省『通信利用動向調査(企業編)』各年版。
http://www.soumu.go.jp/johotsusintokei/statistics/statistics05b2.html（2015. 7. 30. 閲覧）

総務省(編)『情報通信白書』ぎょうせい,各年版。

総務省 情報通信国際戦略局 情報通信経済室『テレワークの動向と生産性に関する調査研究報告書』
http://www.soumu.go.jp/johotsusintokei/linkdata/h22_06_houkoku.pdf（2015. 7. 30. 閲覧）

十川廣國『新戦略経営・変わるミドルの役割』文眞堂,2002。

―――――「コラボレーションと創造的経営　多様性許容の意義」『三田商学研究』第53巻第5号,pp. 1-15,2010。

―――――・古川靖洋・神戸和雄・遠藤健哉・馬場杉夫・清水馨・大前慶和・今野喜文「「脱成熟化へ向けての経営」に関するアンケート調査」『三田商学研究』第40巻第2号,pp. 123-143,1997。

―――――・青木幹喜・遠藤健哉・馬場杉夫・清水馨・今野喜文・坂本義和・山﨑秀雄・山田敏之・周炫宗・横尾陽道・小澤一郎・角田光弘「『戦略経営』に関するアンケート調査」『三田商学研究』第44巻第6号,pp. 145-179,2002。

―――――・―――――・神戸和雄・遠藤健哉・馬場杉夫・清水馨・今野喜文・山﨑秀雄・山田敏之・坂本義和・周炫宗・横尾陽道・小沢一郎・永野寛子「経営革新のプロセスとマネジメント要因」『三田商学研究』第52巻第3号,pp. 61-73,2009。

―――――・―――――・―――――・―――――・―――――・―――――・―――――・―――――・―――――・―――――・―――――・―――――・―――――・―――――「経営革新のプロセスとマネジメント要因に関するアンケート調査(2)」『三田商学研究』第53巻第3号,pp. 59-71,2010。

ソロモン,R. C. & フロレス,F.『「信頼」の研究』上野正安(訳),シュプリンガー・フェアラーク東京,2004。

田澤由利『在宅勤務(テレワーク)が会社を救う』東洋経済新報社,2014。

ダフト,R. L.『組織の経営学』高木晴夫(訳),ダイヤモンド社,2002。

通商産業省産業政策局企業行動課『総合経営力指標(製造業編)』大蔵省印刷局,各年度版。

ドレイファス,H. L.『インターネットについて』石原孝二(訳),産業図書,2002。

日本テレワーク協会(編)『在宅勤務の推進のための実証実験モデル事業報告書』日本テレワーク協会,2006a。

―――『社団法人日本テレワーク協会テレワークシンポジウム：在宅勤務で自分が変わる会社が変わる：報告書』日本テレワーク協会，2006b．
―――『テレワーク白書2007』日本テレワーク協会，2007．
―――『テレワーク白書2008』日本テレワーク協会，2008．
―――『テレワーク白書2013』日本テレワーク協会，2013．
中村圭介・石田光男（編）『ホワイトカラーの仕事と成果』東洋経済新報社，2005．
中原淳「オフィス改革とはコミュニケーション改革である」『ダイヤモンド・ハーバード・ビジネス・レビュー』March，pp. 40-48，2015．
西田耕三『なにが仕事意欲をきめるか』白桃書房，1977．
野中郁次郎『知識創造の経営』日本経済新聞社，1990．
―――「日本企業の綜合力　知識ベース企業のコア・ケイパビリティ」『日本の企業システム　第Ⅱ期第4巻　組織能力・知識・人材』伊丹敬之他（編），有斐閣，pp. 159-183，2006．
―――・紺野登『知識創造の方法論』東洋経済新報社，2003．
―――・竹内弘高『知識創造企業』梅本勝博（訳），東洋経済新報社，1996．
野村総合研究所ノンペーパー推進委員会『野村総合研究所はこうして紙を無くした！』アスキー新書，2010．
バーニー，J. B.『企業戦略論（上）』岡田正大（訳），ダイヤモンド社，2003．
バートン＝ジョーンズ，A.『知識資本主義』野中郁次郎（監訳），有賀裕子（訳），日本経済新聞社，2001．
馬場杉夫　「脱年功化に伴う雇用スタイルの変容と新しい求心力の醸成」『日本経営学会誌』第7号，2001，pp. 59-70．
濱口惠俊（編著）『日本型モデルとは何か　国際化時代におけるメリットとデメリット』新曜社，1993．
―――『日本型信頼社会の復権』東洋経済新報社，1996．
ハメル，G.『リーディング・ザ・レボリューション』鈴木主税・福嶋俊造（訳），日本経済新聞社，2001．
パク，J. S.『会社人間が会社をつぶす』朝日選書，2002．
ピンク，D.『モチベーション3.0』大前研一（訳），講談社，2010．
フェファー，J.『人材を生かす企業』佐藤洋一（監訳），トッパン，1998．
―――『人材を活かす企業』守島基博（監修），佐藤洋一（訳），翔泳社，2010．
フォン・オイテンガー，B．・ハンセン，M. T.　「T型マネジメント：知識共有の技術」『ダイヤモンド・ハーバード・ビジネス・レビュー』August，pp. 62-77，2001．
フォン・クロー，G．・一條和生・野中郁次郎『ナレッジ・イネーブリング』東洋経済新報社，2001．
フクヤマ，F.『「信」無くば立たず』加藤寛（訳），三笠書房，1996．
古川久敬『新版　基軸づくり』日本能率協会マネジメントセンター，2003．

古川靖洋『創造的オフィス環境』千倉書房，2002a。
――――「日本におけるテレワークの成功要因」『総合政策研究』No. 13, pp. 25-40, 2002b。
――――「バーチャル組織と知識マネジメント」『総合政策研究』No. 15, pp. 23-42, 2003。
――――『情報社会の生産性向上要因』千倉書房，2006a。
――――「ホワイトカラーの生産性とオフィス環境」『総合政策研究』No. 23, pp. 1-11, 2006b。
――――「テレワーカーの生産性と信頼」『三田商学研究』第50巻第3号, pp. 105-120, 2007。
――――「テレワークと持続可能な社会」『総合政策研究』No. 30, pp. 103-114, 2008。
――――「IT環境の整備とホワイトカラーのアイデア創造」『ビジネス・イノベーション・システム』土井教之(編著)，日本評論社, pp. 41-65, 2009a。
――――「IT環境の整備とホワイトカラーの情報交換」『総合政策研究』No. 32, pp. 15-30, 2009b。
――――「テレワークに関する懸念と効果 アンケート調査の結果より」『総合政策研究』No. 35, pp. 1-15, 2010。
――――「テレワークとホワイトカラーの生産性」『総合政策研究』No. 39, pp. 1-20, 2011。
――――「フリーアドレス・オフィスとオフィスワーカーの生産性」『日本オフィス学会誌』Vol. 4, No. 2, pp. 51-58, 2012。
――――「テレワークとオフィスワーカーの動機づけ」『日本テレワーク学会誌』Vol. 12, No. 1, pp. 14-27, 2014a。
――――「フリーアドレス・オフィスとオフィスワーカーの生産性：再考」『総合政策研究』No.48, pp. 1-17, 2014b。
古矢眞義「最近の国内外のテレワーク事情」『Unisys Technology Review』No. 109, Aug., pp. 83-97, 2011。
ホフステード，G.『多文化世界』岩井紀子・岩井八郎(訳)，有斐閣，1995。
丸田一『「知の創造」の進化システム』東洋経済新報社，2001。
松尾睦『経験からの学習』同文舘出版，2006。
マツモト，D.・工藤力『日本人の感情世界』誠信書房，1996。
守島基博『人材の複雑方程式』日経プレミアシリーズ，2010。
矢野和男『データの見えざる手』草思社，2014。
山岸俊男『信頼の構造』東京大学出版会，1998。
――――『安心社会から信頼社会へ』中公新書，1999。
ライシュ，R. B.『勝者の代償』清家篤(訳)，東洋経済新報社，2002。
レイサム，G.『ワーク・モティベーション』金井壽宏(監訳)，依田卓巳(訳)，NTT出版，2009。
レオナルド，D.『知識の源泉』阿部孝太郎・田畑暁生(訳)，ダイヤモンド社，2001。

【欧　文】

Amar, A. D., *Managing Knowledge Workers*, Quorum, 2002.

Amberg, M. & Zimmermann, F., "Enabling Virtual Workplaces with Advanced Workflow Management Systems," *The Virtual Workplace*, Igbaria, M. & Tan, M.(ed.), IDEA Group Publishing, pp. 108-124, 1998.

Amichai-Hamburger, Y.(ed.), *Technology and Psychological Well-being*, Cambridge University Press, 2009a.

―――, "Technology and well-being: designing the future," in *Technology and Psychological Well-being*, Amichai-Hamburger, Y.(ed.), Cambridge University Press, pp. 260-278, 2009b.

Anderson, A. J., Kaplan, S. A. & Vega, R. P., "The impact of telework on emotional experience: When, and for whom, does telework improve daily affective well-being?," *European Journal of Work and Organizational Psychology*, pp. 1-16, Oct. 2014.

Apgar Ⅳ, M., "The Alternative Workplace : Changing Where and How People Work," *Harvard Business Review*, May-June, pp. 121-136, 1998.

Ariss, S., Nykodym, N. & Cole-Laramore, A. A., "Trust and Technology in the Virtual Organization," *S.A.M. Advanced Management Journal*, Vol. 67, No. 4, pp. 22-25, 2002.

Benson-Armer, R. & Hsieh, T., "Teamwork across Time and Space," *The McKinsey Quarterly*, No.4, pp. 19-27, 1997.

Burchell, M. & Robin, J., *The Great Workplace*, Jossey-Bass, 2011.

Caillier, J. G., "Do Role Clarity and Job Satisfaction Mediate the Relationship between Telework and Work Effort?," *International Journal of Public Administration*, 37, pp. 193-201, 2014.

Cairns, T. D., "What Will Tip the Scales for Flexible Work Arrangements -Motivation or Collaboration? ," *Employment Relations Today*, DOI 10.1002/ert, pp. 29-33, Summer, 2013.

Chalofsky, N. E., *Meaningful Workplaces: Reframing How and Where We Work*, Jossey-Bass, 2010.

Clases, C., Bachmann, R. & Wehner, T., "Studying Trust in Virtual Organizations," *International Studies of Management & Organization*, Vol. 33, Issue 3, pp. 7-27, 2003.

Constant, D., Sproull, L. & Kiesler, S., "The Kindness of Strangers : The Usefulness of Electronic Weak Ties for Technical Advice," in *Culture of the Internet*, Kiesler, S.(ed.), Lawlence Earlbaum Associates Publishers, pp. 303-322, 1997.

Crandall, W. & Gao, L., "An Update on Telecommuting: Review and Prospects for Emerging Issues," *S.A.M. Advanced Management Journal*, 70(3), pp. 30-37, 2005.

Daft, R. L. & Lengel, R. H., "Organizational Information Requirements, Media Richness and Structural Design," *Management Science*, Vol. 32, No. 5, pp. 554-571, 1986.

Daniels, K, Lamond, D. & Standen, P.(ed.), *Managing Telework*, Business Press, 2000.

Davenport, T. H., "Saving IT's Soul : Human-Centered Information Management," *Harvard Business Review*, March-April, pp. 119-131, 1994.

Donaldson, S. I. & Weiss, R. "Health, well-being, and organizational effectiveness in the virtual workplace," *The Virtual Workplace*, Igbaria, M. & Tan, M.(ed.), IDEA Group Publishing, pp. 24-44, 1998.

Duarte, D. L. & Snyder, N. T., *Mastering Virtual Teams*, Jossey-Bass, 2006.

Duxbury, L., Higgins, C. & Neufeld, D., "Telework and the balance between work and family: Is telework part of the problem or part of the solution?," *The Virtual Workplace*, Igbaria, M. & Tan, M.(ed.), IDEA Group Publishing, pp. 218-255, 1998.

Ellison, N. B., *Telework and Social Change*, Praeger Publishers, 2004.

Fay, M. J. & Kline, S. L., "The Influence of Informal Communication on Organizational Identification and Commitment in the Context of High-Intensity Telecommuting," *Southern Communication Journal*, Vol. 77(1), pp. 61-76, 2012.

Floyd, S. W. & Wooldridge, B., *Building Strategy from the Middle: Reconceptualizing Strategy Process*, SAGE, 2000.

Ford, R. C. & McLaughlin, F., "Questions and Answers About Telecommuting Programs," *Business Horizons*, May-June, pp. 66-72, 1995.

Friedman, S. D., Christensen, P. & DeGroot, J., "Work and Life: The End of the Zero-Sum Game," *Harvard Business Review*, November-December, pp. 119-129, 1998.

Fritz, C., Lam, C. F. & Spreitzer, G. M., "It's the Little Things That Matter: An Examination of Knowledge Workers' Energy Management," *Academy of Management Perspectives*, Vol. 25(3), pp. 28-39, 2011.

Gajendran, R. S. & Harrison, D. A., "The Good, the Bad, and the Unknown About Telecommuting: Meta-Analysis of Psychological Mediators and Individual Consequences," *Journal of Applied Psychology*, Vo. 92, No. 6, pp. 1524-1541, 2007.

Gallupe, R. B., Cooper, W. H., Grisé, M. L. & Bastianutti, L. M., "Blocking Electronic Brainstorms," *Journal of Applied Psychology*, Vol. 79, No. 1, pp. 77-86, 1994.

Gee, C. & Burke, M. E., "Realising potential: the new motivation game," *Management Decision*, 39/2, pp. 131-137, 2001.

Gibson, C. B. & Cohen, S. G.(ed.), *Virtual Teams That Work*, Jossey-Bass, 2003.

Golden, T., "Co-Workers who telework and the impact on those in the office: Understanding the implications of virtual work for co-worker satisfaction and turnover intentions," *Human Relations*, Vol. 60(11), pp. 1641-1667, 2007.

Graetz, K. A., Boyle, E. S., Kimble, C. E., Thompson, P. & Garloch, J. L., "Information Sharing in Face-to-Face, Teleconferencing, and Electronic Chat Groups," *Small Group Research*, Vol. 29., No. 6, pp. 714-743, 1998.

Griffith, T. L., Mannix, E. A. & Neale, M. A., "Conflict and Virtual Teams," in *Virtual Teams That Work*, Gibson, C. B. & Cohen, S. G.(ed.), Jossey-Bass, pp. 335-352, 2003.

Grover, S. L., "The Truth, the Whole Truth, and Nothing but the Truth : The Causes and Management of Workplace Lying," *Academy of Management Executive*, Vol. 19, No. 2, pp. 148-157, 2005.

Gruenfeld, D., Mannix, E. A., Williams, K. Y. & Neale, M. A., "Group Composition and Decision Making : How Member Familiarity and Information Distribution Affect Process and Performance," *Organizational Behavior and Human Decision Processes*, Vol. 67, No. 1, pp. 1-15, 1996.

Gupta, A., Mattarelli, E., Seshasai, S. & Broschak, J., "Use of collaborative technologies and knowledge sharing in co-located and distributed teams: Towards the 24-h knowledge factory," *The Journal of Strategic Information Systems*, Vol. 18, Issuue 3, pp. 147-161, 2009.

Gurstein, P., *Wired to the World, Chained to the Home*, UBC Press, 2001.

Hackman, J. R. & Oldham, G. R., *Work Redesign*, Addison-Wesley Publishing, 1980.

Handy, C., "Trust and the Virtual Organization," *Harvard Business Review*, May-June, pp. 40-50, 1995.

Harisalo, R., "Trust as Capital : The Foundation of Management," in *Trust in Knowledge Management and Systems in Organizations*, Huotari, M. L. & Iivonen, M.(ed.), IDEA Group Publishing, pp. 51-80, 2004.

Harrington, S. J. & Ruppel, C. P., "Organizational Compatibility as a Predictor of Telecommuting," in *Telecommuting and Virtual Offices : Issues & Opportunities*, Johnson, N. J.(ed.), Idea Group Publishing, pp. 99-117, 2001.

Harrison, A., Wheeler, P. & Whitehead, C., *The Distributed Workplace : Sustainable Work Environments*, Spon Press, 2003.

Hart, R. K. & Mcleod, P. L., "Rethinking Team Building in Geographically Dispersed Teams : One Message at a Time," *Organizational Dynamics*, Vol. 31, No. 4, pp. 352-361, 2003.

Hill, E. J., Miller, B. C., Weiner, S. P. & Colihan, J., "Influences of the Virtual Office on Aspects of Work and Work/Life Balance," *Personal Psychology*, Vol. 51, Issue 3, pp. 667-683, 1998.

─────, Ferris, M. & Märtinson, V., "Does it matter where you work? A comparison of how three work venues (traditional office, virtual office, and home office) influence aspects of work and personal / family life," *Journal of Vocational Behavior*, Vol. 63, Issue 2, pp. 220-241, 2003.

Hiltrop, J. M., "Preparing People and Organizations for Teleworking," in *Managing Telework*, Business Press, Daniels, K., Lamond, D. & Standen, P. (ed.), pp. 157-173, 2000.

Hinds, P. J. & Weisband, S. P., "Knowledge Sharing and Shared Understanding in Virtual

Teams," in *Virtual Teams That Work*, Gibson, C. B. & Cohen, S. G.(ed.), Jossey-Bass, pp. 21-36, 2003.
Hoefling, T., *Working Virtually*, Stylus Publishing, 2003.
Huotari, M. L. & Iivonen, M., "Managing Knowledge-Based Organizations Through Trust," in *Trust in Knowledge Management and Systems in Organizations*, Huotari, M. L. & Iivonen, M.(ed.), IDEA Group Publishing, pp. 1-29, 2004.
Hunton, J. E., "Behavioral Self-Regulation of Telework Locations : Interrupting Interruptions !," *Journal of Information Systems*, Vol. 19, No. 2, pp. 111-140, 2005.
Huws, U., Korte, W. B. & Robinson, S., *TELEWORK : Toward the Elusive Office*, John Wiley & Sons, 1990.
Iivonen, M., "Trust Building as a Management Strategy," in *Trust in Knowledge Management and Systems in Organizations*, Huotari, M. L. & Iivonen, M.(ed.), IDEA Group Publishing, pp. 30-50, 2004.
Illegems, V. & Verbeke, A., *Moving Toward the Virtual Workplace*, Edward Elgar, 2004.
Jackson, P. J.(ed.), *Virtual Working: social and organizational dynamics*, Routledge, 1999.
────── & van der Wielen, J. M.(ed.), *Teleworking : International Perspectives*, Routledge, 1998.
Jarvenpaa, S. L., Knoll, K. & Leidner, D. E., "Is Anybody Out There? Antecedents of Trust in Global Virtual Teams," *Journal of Management Information Systems*, Vol. 14, No. 4, pp. 29-64, 1998.
Johnson, N. J.(ed.), *Telecommuting and Virtual Offices : Issues & Opportunities*, Idea Group Publishing, 2001.
Kim, Y. Y. & Gudykunst, W. B.(ed.), *Theories in Intercultural Communication*, SAGE, 1988.
Kimble, C., Li, F. & Barlow, A., "Effective Virtual Teams Through Communities of Practice," *Strathclyde Business School Management Science*, Working Paper, No. 2000/9, pp. 1-15, 2000.
Kiesler, S.(ed.), *Culture of the Internet*, Lawlence Erlbaum Associates Publishers, 1997.
Kirkman, B. L., Rosen, B., Gibson, C. B., Tesluk, P. E. & McPherson, S. O., "Five Challenges to Virtual Team Success : Lessons from Sabre, Inc.," *Academy of Management Perspectives*, Vol. 16, No. 3, pp. 67-79, 2002.
Konradt, U., Hertel, G. & Schmook, R., "Quality of management by objectives, task-related stressors, and non-task-related stressors as predictors of stress and job satisfaction among teleworkers," *European Journal of Work and Organizational Psychology*, 12(1), pp. 61-79, 2003.
Kossek, E. E. & Lautsch, B. A., *CEO of Me*, Wharton School Publishing, 2007.
──────, ────── & Eaton, S. C., "Telecommuting, control, and boundary management: Correlates of policy use and practice, job control, and work-family effectiveness," *Jour-

nal of Vocational Behavior, Vol. 68, Issue 2, pp. 347-367, 2006.

―――, ――― & ―――, " "Good teleworking" : under what conditions does teleworking enhance employees' well-being?," in Technology and Psychological Well-being, Amichai-Hamburger, Y.(ed.), Cambridge University Press, pp. 148-173, 2009.

Kraut, R. E. & Attewell, P., "Media Use in a Global Corporations : Electronic Mail and Organizational Knowledge," in Culture of the Internet, Kiesler, S.(ed.), Lawlence Erlbaum Associates Publishers, pp. 323-342, 1997.

―――, Patterson, M., Lundmark, V., Kiesler, S., Mukophadhyay, T. & Scherlis, W., "Internet paradox: A social technology that reduces social involvement and psychological well-being?," American psychologist, Vol. 53, Issue 9, pp. 1017-1031, 1998.

Kreiner, G. E., Hollensbe, E. C. & Sheep, M. L., "Balancing Borders and Bridges: Negotiating the Work-Home Interface via Boundary Work Tactics," Academy of Management Journal, Vol. 52, No. 4, pp. 704-730, 2009.

Kronig, J., Do Incentive Systems for Knowledge Management Work?, PETER LANG, 2001.

Kurland, N. B. & Bailey, D. E., "Telework : The Advantages and Challenges of Working Here, There, Anywhere, and Anytime," Organizational Dynamics, Vol. 28, No. 2, pp. 53-68, 1999.

――― & Cooper, C. D., "Manager control and employee isolation in telecommuting environments," Journal of High Technology Management Research, Vol. 13, Issue 1, pp. 107-126, 2002.

Lam, S. S. K. & Schaubroeck, J., "Improving Group Decisions by Better Pooling Information : A Comparative Advantage of Group Decision Support Systems," Journal of Applied Psychology, Vol. 85, Issue 4, pp. 565-573, 2000.

Lamond, D., "Organizational Structures that Support Telework," in Managing Telework, Daniels, K, Lamond, D. & Standen, P.(ed.), Business Press, pp. 21-29, 2000.

Levering, R., A Great Place to Work, Great Place to Work Institute, 2000.

Lipnack, J. & Stamps, J., Virtual Teams : People Working Across Boundaries with Technology, John Wiley & Sons, 2000.

Lojeski, K. S., Leading the Virtual Workforce, John Wiley & Sons, 2009.

Lyman, A., "Building Trust in the Workplace," Strategic Human Resource Review, Vol. 3, Issue 1, Nov./Dec., pp. 24-27, 2003.

Majchrzak, A., Malhotra, A., Stamps, J. & Lipnack, J., "Can Absence Make a Team Grow Stranger?," Harvard Business Review, 82(5), pp. 131-137, 2004.

Malhotra, Y.(ed.), Knowledge Management and Business Model Innovation, IDEA Group Publishing, 2001.

Maruyama, T., Hopkinson, P. G. & James, P. W., "A multivariate analysis of work-life balance outcomes from a large-scale telework programme," New Technology, Work and

Employment, Vol. 24, Issue 1, pp. 76-88, 2009.

─────── & Tietze, S., "From anxiety to assurance: concerns and outcomes of telework," *Personnel Review*, Vol. 41, Issue 4, pp. 450-469, 2012.

Mayer, R. C. & Gavin, M. B., "Trust in Management and Performance : Who Minds the Shop While the Employees Watch the Boss?," *Academy of Management Journal*, Vol. 48, No. 5, pp. 874-888, 2005.

McCloskey, D. W., "An Examination of the Work Outcomes of Professionals in a Virtual Organization," in *Knowledge Management and Business Model Innovation*, Malhotra, Y.(ed.), IDEA Group Publishing, pp. 183-197, 2001.

McLeod, P. L., Baron, R. S., Marti, M. & Yoon, K., "The Eyes Have It : Minority Influence in Face-To-Face and Computer-Mediated Group Discussion," *Journal of Applied Psychology*, Vol. 82, No. 5, pp. 706-718, 1997.

McGrath, J. E., *Groups : Interaction and Performance*, Prentice-Hall, 1984.

Mello, J. A., "Managing Telework Programs Effectively," *Employee Responsibilities and Rights Journal*, Vol. 19, Issue 4, pp. 247-261, 2007.

Miller, B. E., "Rescue Your Work/life Program," *Workforce*, Vol. 76, No. 6, pp. 84-90, 1997.

Milton, L. P. & Westphal, J. D., "Identity Confirmation Networks and Cooperation in Work Groups," *Academy of Management Journal*, Vol. 48, No. 2, pp. 191-212, 2005.

Montoya-Weiss, M. M., Massey, A. P. & Song, M., "Getting It Together : Temporal Coordination and Conflict management in Global Virtual Teams," *Academy of Management Journal*, Vo. 44, No. 6, pp. 1251-1262, 2001.

Nemeth, C. J., "Differential Contributions of Majority and Minority Influence," *Psychological Review*, Vol. 93, No. 1, pp. 23-32, 1986.

Nemiro, J. E. , *Creativity in Virtual Teams*, Pfeiffer, 2004.

Nilles, J. M., "Teleworking : Working closer to home," *Technology Review*, April, pp. 56-62, 1982.

─────── , "Traffic Reduction by Telecommuting : A Status Review and Selected Bibliography," *Transportation Research Part A: General*, Vol. 22, Issue 4, pp. 301-317, 1988.

─────── , Carlson, F. R., Gray, P. & Hanneman, G. J., *The Telecommunications-Transportation Tradeoff: Options for Tomorrow*, John Wiley & Sons, 1976.

Nohria, N. & Eccles, R., "Face-to-Face : Making Network Organizations Work," in *Networks and Organizations : Structure, Form and Action*, Nohria, N. & Eccles, R.(ed.), Harvard Business School Press, pp. 288-308, 1992.

Offstein, E. H. & Morwick, J. M., *Making Telework Work*, Davies-Black, 2009.

Perry-Smith, J. E. & Shalley, C. E., "The Social Side of Creativity : A Static and Dynamic Social Network Perspective," *Academy of Management Review*, Vol. 28, No. 1, pp. 89-106, 2003.

Pinjani, P. & Palvia, P., "Trust and knowledge sharing in diverse global virtual teams," *Information & Management*, Vol. 50, Issue 4, pp. 144-153, 2013.

Powell, T. C. & Dent-Micallef, A., "Information Technology as Competitive Advantage : The Role of Human, Business, and Technology Resources," *Strategic Management Journal*, Vol. 18, Issue 5, pp. 375-405, 1997.

Probst, G. J. B. & Büchel, B. S. T., *Organizational Learning : the competitive advantage of the future*, Prentice Hall, 1997.

Rao, V. S. & Jarvenpaa, S. L., "Computer Support of Groups : Theory-Based Models for GDSS Research," *Management Science*, Vol. 37, Issue 10, pp. 1347-1362, 1991.

Rapoport, R. & Bailyn, L., *Relinking Life and Work : Toward a Better Future*, A Report to the Ford Foundation, 1996.

Rapp, B. & Jackson, P.(ed.), *Organisation and Work Beyond 2000*, Physica-Verlag, 2003.

Ravlin, E. C., "Status and Influence Processes in Virtual Teams and Mobile Collaborations," in *Communication, Relationship and Practices in Virtual Work*, Long, S. D.(ed.), Business Science Reference, pp. 146-160, 2010.

Reinholt, M. I. A., Pedersen, T. & Foss, N. J., "Why a Central Network Position Isn't Enough: The Roll of Motivation and Ability for Knowledge Sharing in Employee Networks," *Academy of Management Journal*, Vol. 54, No. 6, pp. 1277-1297, 2011.

Richter, P., Meyer, J. & Sommer, F., "Well-being and Stress in Mobile and Virtual Work," in *Mobile Virtual Work : A New Paradigm?*, Andriessen, J. H. E. & Vartiainen, M. (ed.), Springer, pp. 231-252, 2010.

Rothwell, W. J., Hohne, C. K. & King, S. B., *Human Performance Improvement*, Gulf Publishing Company, 2000.

Sako, M., "Does Trust Improve Business Performance?," in *Trust within and between Organizatons : Conceptual Issues and Empirical Applications*, Lane, C. & Bachmann, R.(ed.), Oxford University Press, pp. 88-117, 2002.

Scott, J. E., "Facilitating Interorganizational learning with Information Technology," *Journal of Management Information Systems*, Vol. 17, Issue 2, pp. 81-113, 2000.

Shockley-Zalabak, P. S., Morreale, S. P. & Hackman, M. Z., *Building the High-Trust Organization*, Jossey-Bass, 2010.

Smidts, A., Pruyn, A. T. H. & van Riel, C. B. M., "The Impact of Employee Communication and Perceived External Prestige on Organizational Identification," *Academy of Management Journal*, Vol. 44, No. 5, pp. 1051-1062, 2001.

Stasser, G., "Pooling of Unshared Information During Group Discussion," in *Group Process and Productivity*, Worchel, S., Wood, W. & Simpson, J. A. (ed.), SAGE, pp. 48-67, 1992.

─────, Stewart, D. D. & Wittenbaum, G. M., "Expert Roles and Information Exchange during Discussion : The Importance of Knowing Who Knows What," *Journal of Experi-*

mental Social Psychology, Vol. 31, Issue 3, pp. 244-265, 1995.

─────── & ───────, "Discovery of Hidden Profiles by Decision-making Groups : Solving a Problem Versus Making a Judgment," *Journal of Personality and Social Psychology*, Vol. 63, Issue 3, pp. 426-432, 1992.

─────── & Titus, W., "Pooling of Unshared Information in Group Decision Making : Biased Information Sampling During Discussion," *Journal of Personal and Social Psychology*, Vol. 48, No. 6 pp. 1467-1478, 1985.

Straus, S. G. & McGrath, J. E., "Does the Medium Matter ? The Interaction of Task Type and Technology on Group Performance and Member Reactions," *Journal of Applied Psychology*, Vol. 79, No. 1, pp. 87-97, 1994.

Suomi, R., Luukinen, A., Pekkola, J. & Zamindar, M., "Telework-The Critical Management Dimension," in *Teleworking : International Perspectives*, Jackson & van der Wielen (ed.), Routledge, pp. 329-336, 1998.

Taggar, S., "Individual Creativity and Group Ability to Utilize Individual Creative Resources : A Multilevel Model," *Academy of Management Journal*, Vol. 45, No. 2, pp. 315-330, 2002.

Thompson, L., "Improving the creativity of organizational work groups," *Academy of Management Executive*, Vol. 17, No. 1, pp. 96-109, 2003.

Ting-Toomey, S., "Intercultural Conflict Styles," *Theories in Intercultural Communication*, Kim, Y. Y. & Gudykunst, W. B.(ed.), SAGE, pp. 213-235, 1988.

Tyran, K. L., Tyran, C. K. & Shepherd, M., "Exploring Emerging Leadership in Virtual Teams," in *Virtual Teams That Work*, Gibson, C. B. & Cohen, S. G.(ed.), Jossey-Bass, pp. 183-195, 2003.

van der Merwe, F. I. & Smith, D. C., "Telework: Enablers and Moderators when Assessing Organisational Fit," *Southern African Institute for Computer Scientist and Information Technologists Annual Conference 2014*, pp. 323-333, 2014.

Verbeke, A., Schulz, R., Greidanus, N. & Hambley, L., *Growing the Virtual Workplace*, Edward Elgar, 2008.

Ward, A. & Smith, J., *Trust and Mistrust : Radical Risk Strategies in Business Relationships*, John Wiley & Sons, 2003.

Ward, N. & Shabha, G., "Teleworking: an assessment of socio-psychological factors," *Facilities*, Vol. 19, Issue 1/2, pp. 61-70, 2001.

Williams, W. M. & Yang, L. T., "Organizational Creativity," *Handbook of Creativity*, Sernberg, R. J. (ed.), Cambridge University Press, pp. 373-391, 1999.

Wong, A., Tjosvold, D. & Yu, Z. Y., "Organizational Partnerships in China: Self-Interest, Goal Interdependence, and Opportunism," *Journal of Applied Psychology*, Vol. 90(4), pp. 782-791, 2005.

Worchel, S., Wood, W. & Simpson, J. A. (ed.), *Group Process and Productivity*, SAGE, 1992.
WorldatWork, "Telework 2011 A WorldatWork Special Report,"
　http://www.worldatwork.org/waw/adimLink?id=53034（2011. 9. 30. 閲覧）

"Get the Most from Teleworks," *HR Focus*, Vol. 81, No. 12, p. 9, 2005.
"Telework : When It Works and When It Doesn't," *IOMA's Report on Managing Benefits Plans*, Vol. 15, No. 7, pp. 11-15, 2005.

索　引

<ア行>

曖昧性……………………………… 117
暗黙知……………………………26, 37
印象形成……………………………… 47
インターネット……………………… 6
インフォーマル・コミュニケーション
　　……………………………… 73, 125
営業効率の向上…………………… 16
オイルショック……………………… 3
オフィス環境………………… 99, 155

<カ行>

学習機会………………………… 139, 149
加点評価………………………………149
環境汚染………………………………3, 15
環境負荷軽減…………………………16
危機管理………………………………16
企業イメージ……………………105, 109
企業の社会的責任…………………18, 89
企業文化…………………………66, 138
技術的要因……………………………49
帰属意識……………………27, 49, 139
機能性…………………………………92
機能的なオフィス………97, 99, 102, 108
凝集性…………………………………48
競争優位………………………………33
共同化……………………………37, 39
業務改善施策…………………………89
共有知識………………………………44
経営者…………………21, 71, 82, 156

経営理念…………………………138, 148
形式知……………………………27, 37
懸念………………………………81, 157
権限委譲……………19, 107, 136, 147
高コンテクスト………………………23
高コンテクストな文化………………63
交通渋滞………………………………4, 15
高度情報通信ネットワーク社会推進
　　戦略本部……………………………9
効率性向上……………………………18
高齢化…………………………………16
国土交通省……………………………1, 9
コスト削減………………… 16, 18, 83
コミットメント………………………119
コミュニケーション
　　……………… 64, 82, 100, 116, 151, 157
コミュニケーション能力……………90
コミュニケーション不足……22, 63, 81
孤立感………………… 12, 24, 137, 148, 157
コンセンサス…………………………40
コンテクスト情報………………23, 63
コンフリクト……………………25, 27

<サ行>

在宅勤務形態…………………………70
裁量労働制……………………………114
サテライトオフィス…………………4, 29
時間管理………………………………19, 90
事業継続性計画………………………11
自己効力感……………………………138
自己実現欲求……………………139, 149
社会的コンテクスト…………………48

自由裁量 ·· 48, 147
重視する経営目標 ································ 34
重点計画2006 ··· 7
十分条件 ································· 83, 134, 156
情意考課 ··· 21
省エネ ·· 3
少子化 ·· 16
承認 ·· 138
情報共有 ···························· 19, 90, 145, 151
情報交換度 ···························· 81, 84, 98
情報の新結合 ···································· 53
職務満足 ································ 16, 135, 136
自律性 ······················· 16, 19, 24, 64, 90, 104,
108, 135, 146, 157
シンクライアント ················ 68, 95, 100
人事評価 ······························· 22, 82, 86
人事評価制度 ···································· 91
信頼感 ·················· 19, 54, 102, 104, 108,
120, 127, 129, 157
信頼関係 ·········· 27, 47, 51, 65, 90, 119, 144
垂直方向のコミュニケーション ········ 53
水平方向のコミュニケーション ········ 53
成果主義 ········· 87, 91, 96, 98, 101, 107, 149
生産性 ·· 107, 113
生産性向上 ································ 16, 83
誠実さ ··· 119
セキュリティ ···················· 24, 65, 82, 92
セキュリティシステム ·········· 88, 95, 97,
100, 108
セキュリティルール ······· 68, 75, 88, 95,
97, 100
創造性 ······························ 19, 81, 84, 95
創造性の発揮 ···································· 35
創造的業務 ································ 115, 123
総務省 ··· 1, 11
疎外感 ················ 12, 16, 24, 137, 148, 157

阻害要因 ···································· 20, 61
組織の境界 ·· 46

＜タ行＞

第一次安倍内閣 ··································· 7
大気汚染 ·· 3, 15
代替困難性 ······································ 33
第二次安倍内閣 ··································· 9
ダイバーシティ・マネジメント ······ 155
多義性 ······································ 40, 117
地域活性化 ······································ 5, 16
地球環境への負荷 ······························ 18
知識 ·· 35, 37
中間管理職 ············ 21, 28, 62, 71, 82, 156
挑戦意欲 ·· 107
通勤困難者 ······································ 18
通勤時間 ·· 18
定義 ·· 1
定型的業務 ································ 115, 123
デメリット ································ 12, 17
テレワーカー率 ··································· 9
テレワーク人口倍増アクションプラン
·· 7, 16
動機づけ ·· 133
動機づけ施策 ···················· 134, 151, 157
トップマネジメント ························ 52

＜ナ行＞

内発的動機づけ ······························· 138
内面化 ·· 37, 41
内面に訴えかけるねらい ·············· 109
日本型人事システム ················ 20, 62
日本テレワーク協会 ····················· 1, 2
ニューオフィス化運動 ·················· 155

ねらい············ 18, 71, 89, 103, 108, 157
能力開発································· 139

＜ハ行＞

パンデミック························· 11, 71
非共有情報·······························53
非共有知識·······························44
ビジョン··························· 42, 138
ビジョンの共有··························54
必要条件············ 83, 97, 99, 108, 156
表出化······························ 37, 40
表面的なねらい··························89
フェース・トゥ・フェース
　············ 20, 22, 40, 51, 63, 86, 88, 118,
　　　　　　　 119, 128, 137, 151, 157
フォーマル・コミュニケーション
　····················· 73, 125, 127, 144
不信感····································48
フレックスタイム制·················· 114

＜マ行＞

ミドルマネジメント·····················52
メリット······························ 11, 17
目標管理制度··········86, 91, 96, 98, 101,
　　　　　　　　　　　　　　107, 136
モバイル勤務形態······················70
模倣困難性························· 33, 35
モラール········· 11, 73, 81, 84, 100, 133
モラールダウン····················24, 137
モラール低下····························22

＜ヤ行＞

有効性································ 81, 84

＜ラ行＞

倫理規範·································46
倫理的行動規範························ 119
連結化······························ 37, 40
労務管理························ 20, 81, 82, 86

＜ワ行＞

ワーク・ライフ・バランス
　············ 11, 16, 18, 71, 89, 113, 155

＜アルファベット＞

BCP ····························· 11, 18
BPR ······························ 7, 19
D値分析··············· 95, 104, 110, 141
e-Japan 戦略Ⅱ························· 7
Electronics Cottage···················· 5
ICT 投資····················· 21, 61, 62
INS 実験································ 4
IT 新改革戦略··························· 7
IT 戦略本部························ 7, 9, 16
QAQF ················ 95, 104, 110, 141
SECI モデル············· 39, 43, 52, 57

著者略歴

1962 年	兵庫県神戸市に生まれる
1985 年	慶應義塾大学商学部卒業
1992 年	慶應義塾大学大学院商学研究科後期博士課程単位取得
1998 年	関西学院大学総合政策学部助教授
2003 年	関西学院大学総合政策学部教授
2005 年	厚生労働省在宅勤務実態調査委員会委員(〜 2006 年)
2006 年	博士(商学)(慶應義塾大学)
2006 年	(社)日本テレワーク協会アドバイザー(〜現在)
2007 年	University of Washington, Michael G. Foster School of Business, Visiting Scholar(〜 2008 年)

主要著書

『創造的オフィス環境』(2002)千倉書房
『情報社会の生産性向上要因』(2006)千倉書房
『深化する日本の経営』(共著, 2012)千倉書房

関西学院大学研究叢書　第 181 編

テレワーク導入による生産性向上戦略

2015 年 11 月 25 日　初版第 1 刷発行

著　者　古川靖洋
発行者　千倉成示
発行所　株式会社 千倉書房
　　　　〒 104-0031　東京都中央区京橋 2-4-12
　　　　TEL 03-3273-3931 ／ FAX 03-3273-7668
　　　　http://www.chikura.co.jp/

印刷・製本　藤原印刷株式会社

© FURUKAWA Yasuhiro 2015　Printed in Japan
ISBN 978-4-8051-1076-8　C3034

JCOPY〈(社)出版者著作権管理機構　委託出版物〉

本書のコピー、スキャン、デジタル化など無断複写は著作権法上での例外を除き禁じられています。複写される場合は、そのつど事前に、(社)出版者著作権管理機構(電話 03-3513-6969、FAX 03-3513-6979、e-mail : info@jcopy.or.jp)の許諾を得てください。また、本書を代行業者などの第三者に依頼してスキャンやデジタル化することは、たとえ個人や家庭内での利用であっても一切認められておりません。